KB056033

지금, 혼자라면
맹자를 만나라

나를 위한 맹자인문학

# 지금, 혼자라면 맹자를 만나라

박경덕 지음 | 도올 김용옥 추천

페이퍼스토리

추천의 글 | 도올 김용옥

# 인간의 조건

『맹자孟子』는 인간됨의 출발이다. 사람이 사람이 되기 위해서는 『맹자』라는 서물書物에 담겨 있는 맹자의 생각을 그 출발점으로 삼아야 한다는 것이다. 그런데 그것은 『맹자』라는 책을 읽어서 얻게 되는 '지식'이 아니다. '나'라는 인간을 곰곰이 돌이켜 보면 인정하지 않을 수 없는, 내가 인간이기 때문에 느끼지 않을 수 없는 최소한의 공통감共通感, 뭐 그런 것이다. 그것은 우리가 살아가면서 느끼는 감정 안에서 스스로, 저절로 발현되는 것이다.

별 생각 없이 푸른 벌판을 아장아장 거니는 아기도 돌멩이나 썩은 나무 조각보다는 꽃이나 나비와 같은 생명체의 정교함에 더 호기심을 보이거나, 그것을 더 귀하게 여기는 성향이 있다. 생명을 사랑하는 본능이 인간의 염색체에 내재하며, 결국 인간은 그러한 감정을 통해서 고귀하게 된다는 것을 설파한 생물학자 윌슨의 '바이오필리아'도 아마 그 같은 인간의 조건을 말하고 있을 것이다. 그러한 감정을 확충해나가면 저기 저 북한산에 우뚝 서 있는 인수봉 바위도 결코 생명체가 아니라고 말할 수 없다. 내가 인수봉을 느끼고, 인수봉이 나를 느끼는 느낌의 홍류 속에 우리가 말하는 '도덕'이라는 것이 있다. 하물며 인간과 인간 사이에 오가는 느낌이야 새삼 말해 무엇하랴!

도덕이란 강자가 약자를 억누르기 위해 만든 규범윤리가 아니다. 도덕은 인간이 인간이 되기 위한 조건이며, 그것은 전 우주 생명과의 일체감을 바탕으로 하는 것이다. 도덕이야말로 동아시아 문명이 서구 문명을 리드할 수 있는 최상의 가치이며, 그것은 정신 가치로서만 머무는 것이 아니라 우리의 물질적 생존의 기본 구조를 이룬다. 우리는 도덕적일 수 있을 때 비로소 잘 살 수 있다. 맹자가 말하는 측은지심惻隱之心, 수오지심羞惡之心의 도덕이야말로 중국 문명이 21세기 인류 역사를 선도해 나가는 기준이 되어야 하며, 조선 민족이 통일조국을 창조하여 인류에게 희망을 던지는 횃불의 연료가 되어야 한다.

이 책의 저자 박경덕은 내 주변 사람들이 흔히 '자용선생子庸先生'이라 부른다. '선생'이란 무협소설에 나오는 '와룡선생'을 일컫는 기분으로 부르는 애칭이고, '자'는 내 제자라서 붙는 접두사고 '용'은 그가 『중용中庸』을 사랑하기 때문에 붙은 이름이다. 자용선생은 MBC 전성시기에 전국민의 사랑을 받은 〈싱글벙글 쇼〉에서 매일 강석과 김혜영의 유쾌한 입심을 통하여 쏟아진 언어의 주인공이다. 그 시시콜콜한 각 방면의 코믹하고도 신랄한 언어들을 23년 동안 혼자 골방에서 주조해낸 마술사가 바로 자용선생인 것이다. 그 자용선생이 요즈음 동양고전에 푹 삶아져서 말랑말랑 익어가고 있다. 그 첫 성聲으로 내놓은 작품이 바로 『맹자』를 주제로 한 이 책이다.

자용과 나의 관계를 말하라면 꼭 얘기할 것이 하나 있다. 기묘하게도 감성의 구조가 일치한다는 것이다. 고전을 따로따로 읽었지만, 내가 웃는 곳에서 그가 웃었고, 내가 울었던 곳에서 그가 울었고, 내가 깊게 느낀 곳에서 그 또한 깊게 느꼈다는 것이다. 이 느낌의 상응성을 통해 나는 그의 인간됨을 공감한다.

방송계에서 작가를 지망하는 사람들은 그의 교육을 받았거나 직·간접으로 그와 연이 안 닿는 사람이 거의 없다. 그의 섬세한 표현력과 연출력은 사계의 고전이다. 그의 마법 같은 손에서 펼쳐지는 동방고전의 세계가 우리나라 정치·사회·경제·예술 등 모든 분야에 새로운 심미안과 생명력과 도덕성을 부여해줄 것을 확신하며 격려와 추천의 간곡한 마음을 여기 담는다.

한선寒蟬이 처절하게 울어대는 이 밤, 낙산 천산재에서

도올 김용옥

작가의 말

# 세상은 무엇인가?
# 우리는 누구인가?

우리가 알고 있는 『맹자』에 대한 이야기는 "오십 보를 도망가나 백 보를 도망가나 도망간 건 마찬가지"라는 의미의 '오십보백보五十步百步', "공동묘지 옆에 살게 된 맹자가 제사놀이를 하는 걸 본 맹자 어머니가 시장 옆으로 이사했더니 이번엔 장사놀이를 하는 통에 서둘러 서당 옆으로 이사가니 공부를 했다더라"는 '맹모삼천孟母三遷' 외에는 별로 없다.

『맹자』는 우리가 알고 있는, 그렇게 가볍고 진부한 이야기가 아니다. 『맹자』는 세상을 살아가는 태도와 방법에 대해 말한다. 나아가 새로운 문명이 가야 할 길에 대해 이야기한다. 힘의 논리에 따라 움직이고, 서로의 이익만 탐하는 체제나 문명 전체를 상대로 한 담론이다. 모두가 함께 즐기는 건강한 세상, 아름다운 문명을 만들어가자는 위대한 인문 운동이다.

조선의 밑그림을 설계한 정도전의 힘은 『맹자』에서부터 비롯되었다. 조선의 선비들은 맹자가 제시하는 '인仁에 거하며, 예禮에 처하여, 의義의 길을 걷는 대장부'가 되고자 했다. 그들의 그런 기개와 삶의 태도가 조선을 500년씩이나 이어가게 한 힘 중 하나라는 데 이의가 없을 것이다. 『맹자』는 그렇게 우리 삶 곳곳에 스며들어, 세상을 굴러가게 하는 수많은 상식적인 판단과 행동을 만들어왔다. 그런 『맹자』를 읽는 것은 '세상은 무엇인가?'를 아는 것이고, '우리는 누구인가?'를 아는 것이다.

2014년 10월, 중국 지린 성 연변대학교에서 강의하시던 도올 선생님을 찾아뵈었다. 연변대학교 초청으로 한 학기 동안 학부, 대학원, 교수를 대상으로 세 개의 강의를 하고 계셨다. 중국어로 진행하는 강의는, 한국에서도 늘 그랬듯이 강의실을 뜨겁게 달구며 학생들에게 가슴 벅찬 감동을 안겼다. 안내를 해준 대학원 조교는 강의를 들으며 감동의 눈물을 흘릴 거라고는 생각지도 못했다며, 열정적인 선생님의 강의는 학생들에게 매번 충격 그 자체라고 했다.

도올 선생님은 강의로 바쁜 일정임에도 열흘간의 10월 연휴에 맞추어 역사 속 고구려의 실체를 확인하는 '고구려 기행'을 기획하셨다. 그 답사팀에 합류하는 행운을 얻어, 우리 민족의 시원始原인 만주 벌판에 처음 발을 내디뎠다. 고구려의 첫 수도인 졸본성(『위서魏書』에는 '흘승골성'으로 되어 있다)을 찾았다. 『삼국유사三國遺事』에 신화처럼 소개된 "안개 걷히니 홀연히 세워졌다"는 흘승골성紇升骨城은 랴오닝 성 환인의 오녀산에 세워졌다. 아침 햇살에 찬연하게 빛나는 흘승골성의 모습과 규모를 확인한 순간 입을 다물지 못했다. 고구려 건국을 고대사의 신화로 생각하고 있었는데, 신화가 아니었다. 실제였다.

두 번째 수도였던 지린[吉林] 성 지안[集安] 현의 국내성에서 만난 광개토왕비는 사진 속 광개토왕비가 아니었다. 앞에 서니 그 장엄함에 숨이 막혀왔다. 장대한 광개토대왕 능과 아들 장수왕 능에서 고구려의 배포와 힘을 보았다. 촬영이 금지된 지안박물관[集安博物馆, 중국에서 발굴된 고구려 유물의 대부분이 이곳에 소장되어 있다] 고구려 유물들의 섬세함과 화려함은 백제 이상이었고, 1만 2,000여 기에 이르는 고구려 고분은 제국의 거대한 역사를 말하고 있었다.

유적지에서 선생님의 설명으로 만나는 고구려는 충격의 연속이었다. 한반도와 만주의 광대한 영토에 고구려가 제국을 이루고 우뚝 서 있었던 시절, 중국은 위진남북조시대를 거치며 크고 작은 국가들로 지리멸렬했다. 짧게는 20년, 길게 쳐도 백 년을 넘긴 국가가 없었다. 대륙의 저들은 하루살이처럼 오가는 '변수'였지만, 고구려 제국은 700년을 변함없이 버티고 서 있는 '항수'였다. 중국을 힘겹게 통일한 수양제隋煬帝와 당태종唐太宗이 사력을 다해 고구려를 치려고 나선 까닭이다.

고구려와 만나며 경험한 또 다른 충격이 있다. 국내성의 배후성인 환도산성丸都山城을 찾았을 때다. 산성을 감싸고 도는 웅장한 산세, 그 앞을 흐르는 압록강 지류인 통구하, 그리고 그 사이 평야에 펼쳐진 거대한 규모의 고분군을 마주한 순간, 대장부의 기상과 숨결이 느껴졌다.

닷새간의 고구려 기행을 끝내고 돌아오는 길에 선생님은 일행들에게 소감을 물으셨다. 고구려에서 맹자의 대장부를 보고 느꼈다는 것을 설명할 자신이 없었다. 하지만 이제는 말할 수 있다. 맹자는 전국시대 추鄒나라 사람이지 중국 사람이 아니다. 맹자는 대장부, 인종과 국경과 시대를 초월해 누구나 꿈꾸는 인간다운 인간을 말했다. 맹자는 모두가 함께 즐거워하며 살아가는 왕도의 국가를 말했다. 역사 속 패도의 중국 왕조를 말하지 않았다. 700년 제국을 이루면서도 지리멸렬했던 대륙을 탐내지 않았던 고구려다. 패도를 추구한 제국이 아니라, 왕도의 제국이었다. 고구려 기행을 통해 보고 느낀 고구려의 기상에서, 대장부를 떠올린 것은 어쩌면 당연한 일이다.

고구려 제국이 끝나고 신라 발해의 남북조시대를 거쳐 고려를 지나며 조선에 이르는 동안 영토는 잔뜩 쪼그라들고 말았지만, 대장부의 기개와 기상은 끊이지 않고 이어졌다. 조선의 밑그림을 설계한 정도전의 힘은 『맹자』에서부터 비롯되었다. 조선의 선비들은 '인에 거하며, 예에 처하며, 의의 길을 걷는 대장부'를 꿈꾸었다. 그들의 그런 기개와 삶의 태도가 조선을 500년이나 이어가게 한 힘 중 하나였다. 근대사와 현대사의 수많은 질곡 가운데서도 나라가 위태로울 때면 분연히 일어나 새로운 세상을 만들려 한 수많은 의인이 끊임없이 나왔다. 그뿐만 아니라 동학혁명, 4.19 혁명, 6.10민주항쟁, 5.18민주화운동 등 더불어 함께 즐거워하며 살아가는 여민동락與民同樂의 세상을 만들자는 대장부의 꿈은 우리의 삶 곳곳에 스며들어, 세상을 굴러가게 하는 상식과 행동을 만들어왔다.

'후즈닷컴'의 도올 선생님 강의를 통해 만난 맹자는 부드럽고 자상하셨다. 권위적인 구석이라고는 찾아볼 수 없는, 그 어떤 위인보다 자유롭고 개방적인 인물이었다. 인생이란 무엇인지, 세상은 어떻게 돌아가는지, 나라를 어떻게 운영해야 하는지, 지도자란 모름지기 어떤 생각과 자세를 가져야 하는지와 같은 큰 담론도 있지만, 외국어를 어떻게 가르쳐야 할지, 독서는 왜 해야 하는지, 왜 세상일이 자꾸 꼬이는지, 일이 꼬일 때는 어떻게 대처해야 하는지, 거칠고 험한 세상을 어떻게 살아가야 하는지 시시콜콜한 삶의 문제에 이르기까지 세심하게 조언해준다. 그런 맹자를 통해 가장 크게 느끼고 배운 것은 살아간다는 것의 의미다.

삶이란 세상과 관계를 맺어가는 것이고, 사람과 관계를 맺어가는 여정이다. 삶의 마디마다 힘든 선택을 해야 하고 고비마다 어려운 결정을 내려야 한다. 스스로 선택하고 스스로 결정하며 스스로 헤쳐나가야 한다. 그렇게 선택하고 결정하고 헤쳐나가야 하는 것은 다름 아닌 '관계'다. 사람으로 태어났으니 사람다운 사람으로 살아가자. 사람다운 사람이 대장부다. 자신의 내면을 다듬어 세상과의 관계, 사람과의 관계를 아름답게 만들어가는 사람이다. 욕심을 줄여, 더불어 함께 즐거워하는 세상을 만들어가는 사람이다. 이것이 내가 『맹자』를 통해 배운 가장 소중한 지혜다.

도올 선생님은 『맹자』 강의를 통해 책 속에 글자로 박제돼 있던 맹자에 피를 수혈하고 영혼을 불어넣으셨다. 『맹자』가 죽은 글이 아니라 살아있는 말로 다가왔다. 맹자가 강단에 서서 강의를 하셨다. 정수리를 치고 오는 맹자의 말씀에 가슴이 끓어올랐다. 맹자의 뜨거운 마음이 전해졌다. 그 감동을 함께 나누고 미완의 거친 글이지만, 이 책이 『맹자』를 처음 만나는 입문서가 되었으면 하는 바람이다.

분에 넘치는 서문을 써주신 도올 선생님, 매번 교정을 봐준 자곤, 도움 주신 모든 분에게 고개 숙여 감사드린다.

2016년 새해를 맞으며

박경덕

# 지금, 혼자라면 맹자를 만나라 _차례

## 孟子 • 3
## 결국은 사람이다

孟子·1

# 운명을 거역하라

# 내 식당이 아니다 내 인생이다

퇴직금을 모두 털어 체인점이나 식당 등 자영업에 뛰어든 사람들이 적지 않다. 성공을 위해 하루 12시간 이상씩, 가족들과 함께할 시간까지 희생해가며 열심히 일을 한다. 그러나 5년 이내에 80퍼센트 이상이 문을 닫는다는 통계가 있다. 땀은 우리를 속이지 않는다고 했는데, 현실은 그렇지 않다. 전 재산을 걸고 시작한 사업이다. 잠도 줄이고 땀 흘려 노력했지만 뜻대로 안 된다면, 억장이 무너지고 피를 토하는 심정이 될 것이다. 무엇이 문제일까? 어떻게 돌파구를 찾아야 할까?

방송국에서 프로덕션 PD로 일을 하다 10년 차쯤 됐을 무렵, 사표를 던지고 음식평론가로 전향한 후배가 책을 보내왔다. 제목은 『장사의 신』.

호텔 레스토랑은 물론 대규모 프랜차이즈 컨설팅까지 하고 있는 전문가의 책 제목다웠다. 첫 장부터 마지막 장까지 전국의 맛집, 대박집을 섭렵해서 찾은 장사의 노하우를 꼼꼼히 적은 책이었다.

'한방에 성공하겠다굽쇼? 꿈 깨시지요!', '30일 안에 수익률 30퍼센트 올리는 노하우', '선수들만 아는 고기장사의 비밀', '김밥과 만두도 조금만 바꾸면 성공 아이템이 된다' 등등 고개를 끄덕여가며 읽었지만 책장을 덮고 나니 머리가 지끈거렸다. 이런 노하우를 다 알고 식당을 하면 정말 성공할 수 있을까?

코미디언 고 이주일 씨가 진행했던 토크쇼 〈SBS 이주일 쇼〉에는 성공한 사업가들을 초대해 그들의 성공 비법을 소개한 '돈돈돈'이라는 코너가 있었다. 코너를 구성하며 인터뷰한 장사의 신이 여러 명 있다. 다들 각기 다른 독특한 '장사의 비법'을 가지고 있었다. 여기저기 돌아다니며 눈치껏 다른 사람들의 장사 비법을 참고하고, 성공한 사업들의 비법을 벤치마킹했지만 그 비법들은 참고사항이었다. 같은 사람에게도 똑같은 상황, 똑같은 조건은 재현되지 않는다. 치열한 경쟁에서 살아남기 위해, 각자가 주어진 상황에 맞추어 최선을 다한 결과다. 남을 흉내 내다 몇 번씩 망해가며 스스로 찾아냈다.

『장자莊子』「천도」 편의 이야기다. 제齊나라 환공桓公이 대청마루에 앉아 책을 읽고 있었다. 그 아래 마당에서 작업하던 수레바퀴 만드는 명인

윤편輪扁이 물었다.

"지금 읽고 계신 책이 무슨 책입니까?"

"성인의 말씀이다."

"그분들은 살아 계시나요?"

"세상을 뜬 지 오래되었지."

"그렇다면 공께서는 현인들이 남긴 먼지를 읽고 계시는군요."

그 말에 열 받은 환공이 말했다.

"한낱 수레공에 불과한 네가 감히 무엇을 안다고 나서느냐? 네가 한 말에 적절한 설명을 하지 못하면 목숨을 부지하지 못하리라!"

그러자 윤편은 만들던 수레바퀴를 들어 보이며 그 유명한 대사를 시작했다.

"제 경험을 말씀드리겠습니다. 수레바퀴를 만들 때 너무 헐겁게 만들면 떨어져나가고 너무 단단하면 아귀가 맞지 않습니다. 헐겁지도 단단하지도 않아야 제대로 되는 것입니다. 그런데 그걸 말로 표현할 수 없습니다. 그냥 알 뿐입니다. 아들에게도 그것을 가르쳐 줄 수가 없습니다. 그래서 일흔이 넘도록 아직 제가 바퀴를 만들고 있습니다. 옛 성인도 이와 마찬가지로 가장 핵심적인 깨달음은 책에 전하지 못하고 세상을 떠났을 것입니다. 그러니 공께서 읽고 계신 것이 옛 사람들의 찌꺼기일 뿐이라고 말씀드린 것입니다."

글은 말을 다할 수 없고, 말은 마음을 다할 수 없다. 비법도 그렇다. 누구 것을 벤치마킹하고 누구에게 배운다고 전해지지 않는다. 스스로 깨우치고 터득해야 한다. 사업도 마찬가지다. 결국 살아가는 일이다. 살아가는 데 비법이 따로 있을 수 없다. 상황에 따라 최선을 다해 어떻게 살아갈 것인가의 문제다.

사람으로 사람답게 사는 길, 사람이 걸어야 할 길을 말하는 『맹자』 첫 장 첫 구절은 '어떻게 살아갈 것인가'로 시작한다.

> 맹자께서 양혜왕을 알현하시었다. 왕은 기뻐하며 다음과 같이 말하였다. "노선생께서 추나라에서 대량까지 천 리를 멀다 하지 않으시고 이렇게 오셨으니, 또한 장차 내 나라에 무슨 이로움이 있겠나이까?" 맹자께서 이에 대답하여 다음과 같이 말씀하시었다. "왕께서는 하필이면 이를 말씀하십니까? 단지 인의가 있을 뿐이오니이다."
>
> - 도올 김용옥 『맹자, 사람의 길』 1a-1. 양혜왕 상 65p

잘나가던 위魏나라가 서쪽의 신흥국가인 진秦나라에 밀렸다. 훗날 중국을 통일한 진시황(秦始皇, BC 259~BC 210)의 그 진나라다. 위나라는 수도를 '대량大梁' 땅으로 천도했다. 말이 천도지 쫓겨난 것이다. 나라의 이름도 양梁으로 바뀌었다. 굴욕적인 일이다. 천하의 패자에서 밀려난 양나라 혜왕惠王은 많은 비용을 들여가며 맹자를 초빙했다. 첫 만남에서 마음 다급한 양혜왕은 "망해가는 이 나라를 어떻게 하면 강병부국으로 만들 수 있겠습니까?"라고 물었다. 그러자 맹자는 양혜왕에게 사자후獅子吼를 날렸다. "망해가는 나라를 다시 일으키겠다면서, 지금 무슨 강병부국을 말하십니까? 인의仁義를 말해야지!"

맹자와 양혜왕의 대화를 오늘 우리 상황으로 바꾸어보면 이렇다.

체인점이나 식당의 사장이 "우리 가게가 지금 망해가고 있습니다. 어떻게 이익을 내서 이 가게를 다시 살릴 수 있겠습니까?"라고 물었을 때 맹자는 "쓰러져가는 가게를 구하겠다면서, 왜 이익을 이야기하는가? 인의를 말해야지!"라며 호통을 친 거다.

맹자가 말하는 '인'이란 남을 측은하게 생각할 줄 아는 이타심이고, '의'란 스스로 부끄러움, 수치심을 느껴 행동으로 실천하는 용기다. 수입보다 수출이 많아 외환보유액이 늘어나고 그래서 잘사는 나라를 만드는 것이 바른 국가 경영 아닌가. 사업을 했으면 어찌됐건 이익을 남기는 것이 목적 아닌가. 하지만 맹자는 '이'보다 '인의'가 더 중요하다고 했다. 어쩌자고 그런 말씀을 하신 걸까.

이름을 대면 알 만한 프랜차이즈나 대형 식당으로 크게 성공한 지인이 주변에 몇 명 있다. 가끔 술자리에서 말하던 그들의 성공담은 "이익만을 좇아 사업을 했다면 예전에 망했다"로 요약된다. 손님을 위해 장사한다는 마음이 내 이익보다 더 중요하다고 했다.

돈을 벌기 위해 사업을 하는데, 손님을 위해 사업을 하면 곧 망하거나 문 닫지 않을까 걱정한다. 하지만 그런 걱정은 하지 않아도 된다고 했다.

그 강, 그 물줄기다.
하지만 마음, 생각, 심사에 따라 다르게 바라본다.

만날 때마다 진정으로 생각해주고 배려하면, 그 사람도 나를 진정으로 생각하고 배려하더라며, 그것이 사람들의 정이자 세상의 도리라고 했다.

식당이면 맹자의 '인의'는 이렇다. 좋은 재료로 정성을 다해 조리해, 착한 가격에 판다. 식당은 재료가 좋아도 가격이 합리적이어도 맛없으면 두 번 다시 오지 않는다. 손님들이 좋아하는 맛을 내기 위해 부단히 공을 들여야 한다. 손님에게 내놓는 음식은 제 자식에게 먹여도 손색없는 음식이어야 한다. 식당을 찾은 손님들이 가격과 맛을 보고 '이렇게 장사해서 남는 게 있을까?' 걱정할 정도가 돼야 한다.

피도 눈물도 없이 이익만을 추구하는 치열한 경쟁의 신자유주의 세상이다. 국가조차 국민들에게 보다 많은 세금을 쥐어 짜내기 위해 여념이 없다. 살아남으려면 온갖 방법을 다 동원해 손님 지갑을 열어 보다 많은 이익을 남겨야 한다. 하지만 그런 세상에서 맹자는 이렇게 말한다.

"왜 하필 이를 말하는가? 인의를 말해야지. 何必曰利? 仁義."

진흙탕에서 개싸움하듯 이익만을 탐하는 세상에서, '인의'를 추구하겠다는 생각이 과연 옳은가라는 생각이 든다. 하지만 산전수전 공중전까지 치르며 세상을 헤쳐온 장사의 신들은 말한다. '이'보다 결국은 '인의'라고.

孟子見梁惠王.
맹 자 견 양 혜 왕

王曰:“叟不遠千里而來, 亦將有以利吾國乎?”
왕 왈 수 불 원 천 리 이 래 역 장 유 이 리 오 국 호

孟子對曰:“王, 何必曰利? 亦有仁義而已矣.”
맹 자 대 왈 왕 하 필 왈 리 역 유 인 의 이 이 의

맹자께서 양혜왕을 알현하시었다.

왕은 기뻐하며 다음과 같이 말하였다. “노선생께서 추나라에서 대량까지 천 리를 멀다 하지 않으시고 이렇게 오셨으니, 또한 장차 내 나라에 무슨 이로움이 있겠나이까?”

맹자께서 이에 대답하여 다음과 같이 말씀하시었다. “왕께서는 하필이면 이를 말씀하십니까? 단지 인의가 있을 뿐이오니이다.”

# 꺾이지 않는<br>한 움큼의 화살

개인 사업을 준비하는 예비 창업자 중 어떤 이는 밀려오는 불안감에 용하다는 점집을 찾아가서 운세를 보곤 한다.

"재물운이 트였다. 돈방석에 앉겠다."

뭐 이런 점괘를 듣고는 모아둔 적금 털고 퇴직금을 더한 돈에 빚까지 얻어 식당이나 상점을 차리는 이들이 적지 않다. 그런데 운이 트여 돈방석에 앉을 거라는 막연한 기대에 사업을 시작한 사람들이 과연 대박을 내고 있을까. 운 좋다는 말만 믿고 문을 열었다면 거의 쪽박을 찼거나 차고 있는 중이라고 단언할 수 있다. 식당, 상점 같은 자영업뿐만이 아니다. 세상사라는 것이 운만으로 이뤄지지 않는다. 운은 하나의 조건일 뿐이다.

운뿐만이 아니다. 목이 좋아야 한다는 말도 많이 한다. 하지만 목이 좋아 대박 나더라는 말을 들어본 적이 있는가? 들었다면 그건 잘못 들었거나 헛소문이다. 목까지 좋아 대박 났다면 수긍이 가지만, 목이 좋아 대박 났다는 말은 사기다.

서울 종로구 구기동의 '장모님' 해장국집을 알고 있다. 개업한 지 얼마 되지 않아 삼각산 산꾼들에게 입소문이 났다. 평일에도 손님들로 북적였다. 문을 연 지 몇 달 만에 소문난 맛집이 됐다. 그런데 장사 잘되던 '장모님' 해장국집은 건물 주인이 재계약을 안 해줘 자리를 옮겨야 했다. 구기터널 바로 옆 후미진 골목 작은 건물로 이사가 문을 열었다. 그리고 원래 식당이 있던 그 자리에는 다른 상호의 해장국집이 들어섰다. 장사 잘되던 집 내쫓고 시작한 해장국집이 문을 연 지 1년이 지났다. 결과는 어떻게 되었을까? 후미진 곳으로 쫓겨간 해장국집은 여전히 손님들로 바글거린다. '장모님' 해장국집 터에 새 상호를 달고 문을 연 집은 한가해 보이더니 결국 문을 닫았다.

시진핑 중국 주석이 방한했을 때 그 성과를 브리핑하며 중국 외교부장이 인용한 『맹자』의 구절이다. 이재에 밝은 중국인들이 즐겨 인용하는 구절로, '운'과 '목'만을 생각하는 예비 창업자나 식당 상점을 하는 개인 사업자들이 곱씹어봐야 할 말이다.

천시天時는 지리地利만 못하고, 지리는 인화人和만 못하다.

- 도올 김용옥 『맹자, 사람의 길』 2b-1. 공손추 하 265p

전국시대 국가 운영에 대한 맹자 말씀을 상점 경영과 어떻게 같이 비교할 수 있냐고 반문할 수 있다. 당연히 한 국가의 왕과 한 상점 사장의 입장은 다르다. 그러나 크게 다르지 않다.

식당이나 상점을 경영한다는 것은 어떻게 해서든 하루하루 살아남아야 하는 치열한 일이다. 전국시대 대부분 국가들의 운명도 하루하루 살아남아야 하는 처절한 상황이었다. 까다로운 손님의 요구에 맞추어 대박을 내는 것은 어려운 일이다. 자칫 방심하면 손님이 발길을 돌려 문을 닫는 상황에 이른다. 전국시대의 국가 운영도 그와 다르지 않다. 가장 중요한 정책은 다른 나라 국민들을 끌어들여 인구를 늘리는 데 초점이 맞추어져 있다. 손님이 많이 찾아오길 바라는 상점 사장의 꿈과 다르지 않다. 맹자는 그런 꿈을 이룰 구체적인 방법을 말한다.

'천시'는 사장의 운이나 능력에 비유할 수 있다. '지리'는 좋은 목과 손님들의 기호에 맞는 인테리어 그리고 그에 걸맞게 제공되는 음식이나 상품이다. 그런데 맹자는 그런 것만으로는 손님들을 끌어들일 수 없다며 '인화'를 말한다.

인화란 여러 사람이 서로 화합한다는 뜻이다. 사전에서 화합을 찾아보면 '화목하게 어울린다'고 했다. 화목은 '서로 뜻이 맞고 정다운'으로 적고 있다. 이런 사전적 의미에 따라 인화를 정리하면, '여러 사람이 어울려 서로 뜻이 맞고 정답게 지냄'을 의미한다.

서울 종묘를 끼고, 궁성을 지키던 포졸들이 순라를 돌던 '순랏길'에 홍어전문식당이 있다. 골목 깊숙이에 꼭꼭 숨어 있지만 수십 년 전통의 유명한 식당이다. 그 식당에 처음 갔던 날이다. 주인집 딸이 손님을 맞고 있는 줄 알았다. 매사에 믿음이 가는 정겨운 서비스를 해주었다. 넌지시 식당 주인과 어떻게 되는 사이냐고 물었다. 종업원이라고 했다. 서비스하는 걸 보고 주인집 가족인 줄 알았다고 했더니, 식당 할머니가 딸처럼 아껴주고 챙겨주셔서 늘 내 집이라 생각하고 일한다고 답했다.

순랏길 홍어식당 직원의 태도는 세상의 모든 식당 사장들이 직원들한테 바라고 원하는 서비스다. 그런데 처음 온 손님에게도 수십 년 단골처럼 서비스를 할 수 있는 까닭이 주인 할머니가 종업원인 자신을 가족처럼 챙겨주기 때문이라고 했다. 가족처럼 챙겨준다고 함은, 정답고 화목하게 대해 준다는 의미다. 인화 화합 화목의 '화和'가 핵심이다. 『중용』 1장에는 '화'의 의미가 이렇게 쓰여 있다.

喜怒哀樂之未發 謂之中, 發而皆中節 謂之和.
희 로 애 락 지 미 발 위 지 중 발 이 개 중 절 위 지 화

희로애락이 아직 발현되지 않은 상태를 중이라 일컫고, 그것이 발현되어 상황의 절도에 들어맞는 것을 화라고 일컫는다.

-『중용 한글역주』 제1장 246p

희로애락이 발현되어 그때그때 상황에 따라 절도에 들어맞는 '화'란, 살면서 부딪치는 행위와 사건에 따라 슬퍼해야 할 때 슬퍼하고 기뻐해야

천시도 지리도 화목만 못하다.

화목이란 '정'이다. 정 찾아 늘어선 사람들, 아름답다.

할 때 기뻐하는 것을 말한다. '희로애락'을 '정情'이라고 한다. '화'를 우리말로 표현하면 '정겹다'로 바꿀 수 있다.

슬플 때 같이 슬퍼하고 기쁠 때 같이 기뻐함이 사람이 동물과 다른, 인간답다고 하는 이유다. 말이야 쉽지 행하기는 어렵고 힘든 일이다. 하지만 그때부터 인화人和가 이루어진다. 화和란 이성의 문제가 아니라 감정의 문제다.

가장이 힘들어하면 가족들도 그 힘들어함을 같이 느끼며 위로한다. 막내가 꼴찌를 겨우 면했으면서 성적이 올랐다고 기뻐하면 가족들은 내심 기막혀하면서도 일단 막내와 함께 같이 기뻐해준다. 이렇게 희로애락의 감정을 같이 느끼고 나누는 가운데 가족의 화목, 정겨움은 시작된다. 종업원이 슬픈 일이 있을 때 그 슬픔을 내 일로 알고 배려하며, 종업원이 기쁜 일이 있을 때 그 기쁨을 내 기쁨으로 알고 같이 축하해주면 사장과 직원 간, 직원과 직원 간의 화목이 시작된다. 월급 조금 더 준다거나 회식 자주 시켜주고, 휴가 며칠 더 주는 건 좋은 직장 맞다. 그러나 화목한 직장은 아니다.

대구에서 유명한 삼계탕집 사장은 '좋은 종업원을 구할 수 없으면 장사 시작할 생각 말라'고 한다. 장사는 혼자 하는 게 아니라며 동업자를 잘 만나야 한다고 했다. 그는 종업원을 '파트너'라고 한다. 주인의 손발이 되어 주인의 생각과 뜻을 실행해주는 그런 종업원이 없이는 사업은 힘들다고 말한다.

화살통의 화살을 하나씩 꺼내서 꺾으면 힘들이지 않고 죄다 꺾어 버릴 수 있다. 그러나 화살을 한 움큼 꺼내어 한꺼번에 꺾으려 하면 천하장사도 꺾을 수 없다. 개인은 하나의 화살이지만 그 개인을 한 움큼의 무엇으로 만들어주는 초강력 접착제가 '화목'이다. 화목한 가족, 구성원은 꺾이지 않는 한 움큼의 화살과 같다.

天時不如地利，地利不如人和.

천 시 불 여 지 리　지 리 불 여 인 화

천시는 지리만 못하고, 지리는 인화만 못하다.

# 그도 한 사나이, 나도 한 사나이

"거칠고 힘든 세월을 달려와 한숨 돌리며 앞을 보니, 더 버거운 일들이 앞을 가로막고 있다."

요즘 세상 중년들의 하소연이다. 위로나 혹은 도움이 됐으면 하는 마음으로 한 편의 영화를 소개한다. 백수건달 유방劉邦은 한신韓信의 무력에 힘입어 항우項羽를 물리치고 한漢나라 황제에 올랐다. 한신은 중국 역사상 최고의 무장으로 꼽힌다. 그를 불안해하는 유방과 여태후呂太后가 한신을 숙청하는 과정의 인간군상과 그 내면을 밀도 있게 그린 영화다. 원제는 〈마지막 만찬The Last Supper〉이나 우리나라에서는 〈초한지, 영웅의 부활〉로 개봉됐다.

가슴 깊게 새겨진 영화 속 두 장면의 대사가 있다. 가끔 어깨가 무거워질 때마다 중얼거린다. 영화의 마지막 장면, 유방이 자신의 삶을 '홍문연鴻門宴'에 비유한 내레이션이 잊히지 않는다. 함양咸陽을 먼저 점령한 자가 제후가 된다. 그런데 유방이 먼저 점령했다. 이에 격분한 항우가 40만 대군을 이끌고 함양 부근 홍문까지 쳐들어갔다. 그리고 연회를 베풀어 유방을 불러낸 후 죽이려 했다. 그러나 유방은 장량張良의 기지로 죽을 고비를 몇 번씩이나 넘기며 가까스로 목숨을 부지해 도망쳤다. 항우가 연 그 연회를 홍문연이라고 한다.

"많은 사람들이 얘기하길 내 운명은 홍문연에서 시작되었다고 한다. 그들은 틀렸다. 내 일생이 모두 홍문연이었다."

황제가 될 운명이란 건 없었다. 코앞에 닥친 죽음을 벗어나려고 발버둥쳤던 홍문연의 그 절실함, 치열함으로 하루하루 살았을 뿐이라는 고백이다. 천하의 백수였던 유방이 항우를 물리치고 황제의 자리에 오를 수 있었던 비결이다.

어찌 유방만 홍문연의 삶을 살았을까. 평범한 우리 삶도 다르지 않다. 아무리 작은 것이라도 무언가를 이루려 한다면 매일이 홍문연의 삶, 그렇게 치열하게 살아야 한다. 그렇지 않고서는 아무것도 이룰 수 없다. 그런데 유방이 그렇게 절실하고 치열하게 원했던 것은 무엇일까? 바로 사람이었다. 사람을 쓰는 일. 그가 황제의 자리에 올라 축하연을 베풀며 이렇게 말했다.

"나는 장량처럼 교묘한 책략을 쓸 줄 모른다. 소하蕭何처럼 행정을 제대로 살피고 군량을 제때 보급할 줄도 모른다. 또한 병사들을 이끌고 싸움에서 이기는 일은 한신을 따를 수 없다. 하지만 나는 이 세 사람을 제대로 기용할 줄 알았다. 그러나 항우는 단 한 사람, 범증范增조차 제대로 기용하지 못했다. 그래서 나는 천하를 얻었고, 항우는 얻지 못했다."

또 하나의 장면은 여태후로부터 모반죄를 쓴 한신이 자신을 발탁한 장량을 만나 피를 토하듯 절규하며 외치는 장면이다.

"천하天下는 그야말로 하늘 아래 사람들[天下人]의 세상[天下]일 뿐이라오. 진나라를 멸하기 위해 우리가 거병했을 때 외치던 이 구호를 기억하십니까? 왕후장상의 씨가 어찌 따로 있겠는가!"

'왕후장상 영유종호王侯將相 寧有種乎', 왕후장상의 씨가 따로 없다는 이 말의 유래는 사마천司馬遷의 『사기史記』에 쓰여 있다. 진나라 말기 하남 출신의 천민인 진승陳勝은 900여 명의 농민들을 변방으로 이주시키는 책임을 맡았다. 하지만 큰 비로 길이 막히는 바람에 잔혹한 진나라 법에 의해 처형당하게 되었다. 처벌을 두려워한 진승은 통솔하던 병졸의 목을 벤 뒤 농민들에게 외쳤다.

"가봤자 모두 죽는다. 어차피 죽을 바에는 세상을 깜짝 놀라게 해주자. 모두 다 같은 인간일 뿐이다. 우리라고 왕이 되지 말라는 법이 있는가!"

진승은 그 후 장초張楚를 세우고 왕이 되지만 6개월 만에 살해당했다. 하지만 사마천은 진승의 기개를 높이 산 탓인지, 『사기』의 『세가』에 그를 제후 반열로 올려놓았다.

진승의 꿈을 이어 한나라를 세운 유방 이하 백수건달들의 그 기개와 빼어난 용기는 하늘에서 떨어진 것인가 아니면 땅에서 솟은 것인가. 도대

모두가 인간일 뿐이다
우리라고 왕이 되지 말라는 법이 있는가!

체 어디서 비롯된 것인가. 그들보다 120여 년 앞선 전국시대, 맹자가 있었다. 당시 천하에 이름을 떨쳤던 맹자의 한마디가 시대정신으로 이어져 그들에게 영향을 미쳤다.

彼, 丈夫也, 我, 丈夫也. 吾何畏彼哉?
피 장부야 아 장부야 오하외피재

그도 한 사나이, 나도 한 사나이. 내가 왜 그를 두려워하리?

본시 진리[道]란 하나라오. 다시 말해서 이 세상 사람 누구든지 같은 도道를 평등하게 공유한다는 말이오. 제나라의 용맹스럽기로 유명했던 명신하 성간이 제경공에게 말한 바가 있소: "이 세상의 위대한 그 누구라도, 그도 한 사나이, 나도 한 사나이, 내가 왜 그를 두려워하오리까?" 공자의 수제자 안연은 또 이와 같이 말했지요: "순임금, 그는 어떤 사람인가? 나는 또한 어떤 사람인가? 다 같은 사람으로 태어나 누구든지 순임금이 되려는 의지만 있다고 한다면 순임금이 될 수 있는 것이다."

- 도올 김용옥 『맹자, 사람의 길』 3a-1 등문공 상 305p

요堯, 순舜은 범접할 수 없는 신의 반열에 올라 추앙받는 임금들이다. 공자가 가장 존숭하던 인물이 주공周公이고, 주공이 가장 존숭하던 인물이 요, 순 임금이다. 그런데 공자의 제자인 안연顔淵이 "감히 그들도 똑같은 사람이니 의지만 있다면 누구나 그들과 같이 될 수 있다"는 선언을 했다. "천하는 천하인의 천하일 뿐이다"라는 한신의 말은, 안연이 한 말의 다른 표현이다. "이 세상 위대한 그 누구라도, 그도 한 사나이, 나도 한 사나이. 내가 왜 그를 두려워할까!"라는 제나라 명신 성간成覵의 말도 다를 바 없다.

역사를 움직인 위대한 장부들, 재력의 정점에 위치한 재벌들, 세상의 대단한 일을 해내 천재라 일컬어지는 이들을 경외감으로 보는 사람들이 많다. 하지만 그들도 우리와 같이 하루 세끼밖에 못 먹는다. 우리와 똑같이 하루 24시간을 살 뿐이다. 맹자는 "세상의 길이란 모두가 같다"고 했다. 누구에게나 특별한 도가 따로 있는 것이 아니라고 했다. 그리고 그 도를 걷는다면 천하의 어떤 사람이라도 세상의 주인이 될 수 있고, 인간다운 인간, 성인이 될 수 있다는 것이다. 그렇다면 모두에게 같다는 '도'란 무엇인가? '백성과 더불어 함께 즐긴다'는 여민동락與民同樂이다.

> 음악의 본질은 고전음악, 대중음악의 구분에 있질 않습니다. 그 음악의 즐김을 민중과 더불어 하느냐, 않느냐에 있을 뿐이올시다. 지금 왕께서 백성과 더불어 함께 즐기신다면 곧 왕도를 구현하시어 천하의 왕자가 되실 수 있습니다.
>
> \- 도올 김용옥 『맹자, 사람의 길』 1b-1. 양혜왕 하 174p

이 구절은 이렇게 바꾸어 말할 수 있다.

"정치의 본질은 보수 진보의 구분에 있지 않습니다. 그 정치의 가치와

결실을 민중과 더불어 하느냐, 않느냐에 있을 뿐이올시다. 지금 대통령께서도 국민과 더불어 함께 즐기신다면 곧 왕도를 구현하시어 천하의 왕자가 되실 수 있습니다."

"경제의 본질은 신자유주의, 경제 민주화의 구분에 있지 않습니다. 경제를 운영함에 있어 그 이익을 민중과 더불어 하느냐, 않느냐에 있을 뿐이올시다."

길을 아는 것과 길을 가는 것은 다르다고 했다. 정말 다르다. 맹자는 '인의'를 말한다. 책상머리에 앉아 그것을 깨우쳤다면 박차고 일어나서 세상에 나가 그 인의를 구현해야 한다. 어떻게 구현할 것인가? 맹자가 또 말한다. '여민동락'하라.

유방이 백수건달 시절 주변의 '능력 있는 사람들을 기용할 수 있었던 힘'이었고, 한신이 '왕후장상의 씨가 어찌 따로 있겠는가?'라고 외쳤던 자신감 속에는 '여민동락'이 있다. 모두와 함께 더불어 즐거워하겠다는 의지만 있다면 그것으로 이미 무적이자 영웅이요 황제다.

역사를 돌아보자. 천하의 대장부들은 여민동락에 자신들의 삶을 바친 인물들이다. 홀로 제 일족만을 위해 살았던 자들을 대장부라 했던 적이 있는가? 대장부의 삶은 당연히 수만 명, 수백만 명 아니 모든 민중과 여민동락했다. 그렇지 않은 대장부도 많다고 한다. 그러나 여민동락하지 않은 그들은 대장부가 아니라 천장부賤丈夫일 뿐이다. 천장부란 '천하 개잡놈'의 다른 표현이다.

황제든 대장부든 재벌이든 천재든 다 같은 천하의 천하인이다. 일용직, 비정규직, 노숙자도 천하의 천하인이다. 그리고 왕후장상은 물론 회장이나 영웅의 씨가 따로 없다. 방법이 있다면 단 하나다. 백수건달 유방이 '홍문연에서의 살아남겠다는 그 절실함 치열함으로 하루하루 인생을 살았다'는 고백처럼 그렇게 사는 것이 아닐까.

夫道一而已矣. 成覸謂齊景公曰:
부 도 일 이 이 의 성 간 위 제 경 공 왈

"彼, 丈夫也, 我, 丈夫也. 吾何畏彼哉?"
피 장 부 야 아 장 부 야 오 하 외 피 재

顔淵曰: "舜, 何人也? 予, 何人也? 有爲者亦若
안 연 왈 순 하 인 야 여 하 인 야 유 위 자 역 약

是."
시

본시 진리[道]란 하나라오. 다시 말해서 이 세상 사람 누구든지 같은 도를 평등하게 공유한다는 말이요. 제나라의 용맹스럽기로 유명했던 명신하 성간이 제경공에게 말한 바가 있소. "이 세상의 위대한 그 누구라도, 그도 한 사나이, 나도 한 사나이. 내가 왜 그를 두려워하오리까?"
공자의 수제자 안연은 또 이와 같이 말했지요. "순임금, 그는 어떤 사람인가? 나는 또한 어떤 사람인가? 다 같은 사람으로 태어나 누구든지 순임금이 되려는 의지만 있다고 한다면 순임금이 될 수 있는 것이다."

지혜를
쓰다

# 역천을 꿈꾸라
# 운명을 거역하라

반드시 해야 할 일을 위해 꿈도 버리고 자신을 죽여가며 직장생활을 하고 있다. 운명이다. 그래, 포기하자, 순종하자며 마음을 다잡는다. 그러나 쉽게 받아들여지지 않는다. 인생을 바꾸고 싶다는 생각에 밤잠까지 설친다. '나의 운명, 이 처지를 어떻게 바꿀 수 있을까? 천하무적의 힘을 갖고 싶다. 영웅이 되고 싶다'는 기도가 입에서 맴돈다.

영화 속에는 수많은 영웅들이 등장한다. 〈아이언맨〉을 비롯해 〈슈퍼맨〉, 〈엑스맨〉, 〈스파이더맨〉 등 할리우드 블록버스터는 영웅들의 이야기다. 인류를 위해 지구의 평화를 위해 자신이 지켜야 할 가치를 위해 라이벌과 극한의 대립을 벌인다. 어쩔 수 없는 운명마저도 맞서서 바꾸어가며 꿈을 이룬다. 혈기왕성한 남자라면 다들 한 번쯤 그런 영웅을 꿈꾼다.

대단한 영웅은 아니라도 하루살이 같은 직장생활의 비애와, 이익만을 따지는 상사와 조직의 압박에서 자유로워지고 싶다. 하지만 영웅은 영화 속에서나 존재하고, 선택된 그 누구한테나 가능한 일 아니겠냐며 가족을 지키기 위해 포기한다. 그런데 맹자는 절대로 포기하지 말라고 한다.

『맹자』「이루 상」 편에 세간에 많이 인용되는 유명한 구절이 있다. '순천자존 역천자망順天者存 逆天者亡'이다. '갑'이 '을'을 향해 전가의 보도처럼 꺼내들어 쓰는 말이다. "운명에 순종하라. 다른 분도 아닌, 맹자의 말씀이다. 힘없는 자는 힘 있는 자에게 굴복하는 것이 순천이라고 하셨다. 힘없는 자가 힘 있는 자에게 기어오르는 역천을 하면 망할 수밖에 없다고 하셨다." 뭐 이런 식이다.

맹자 생전에 그렇게 말하는 '갑'을 보셨다면 부리부리한 눈을 치뜨시며 이렇게 호통쳤을 것이다. "조선말은 끝까지 들어봐야 안다며? 그런데 내 말은 왜 중간에서 잘라먹는 것이냐!" 아니다. 도올 선생님의 강의를 통해 그려지는 맹자 캐릭터라면 '갑'의 멱살을 잡아 흔들면서 「이루」 편의 발췌록 말고 원본을 읽어보라고 불호령치셨을 것이다.

> 천하에 유도有道하면 도덕이 표준이 되므로, 소덕자小德者가 대덕자大德者에게 부림을 당하고, 소현자小賢者는 대현자大賢者에게 부림을 당한다. 천하에 무도無道하면 적나라한 권력이 표준이 되므로, 소자小者는 대자大者에게 부림을 당하고, 약자弱者는 강자強者에게 부림을 당한다. 이 두 경우가 모두 작은 자가 큰 자에게 부림을 당하는 것이니, 이

것은 자연스러운 하늘의 이치라고 말해야 할 것이다. 그러므로 순천자順天者는 존存하고 역천자逆天者는 망亡한다.

- 도올 김용옥 『맹자, 사람의 길』 4a-7. 이루 상 393p

맹자의 '순천자존 역천자망'처럼 우리가 잘못 알고 쓰는 말도 없다. 하늘의 도가 펼쳐지는 세상, 한마디로 살맛나는 세상이란 이렇다. 보살핌받아야 할 사람들이 보살핌을 받고, 존경받아야 할 사람들이 존경받는다. 휴일에 놀러가는 사람보다 자원봉사하러 가는 사람이 더 많다. 명절날, 재벌이나 권력자의 집보다 독립유공자나 의사자 집을 더 많은 사람들이 찾는 세상이다. 돈 많은 것이 자랑이 아니다. 돈을 제대로 쓰는 것이 자랑이다. 힘 있는 것이 자랑이 아니다. 그 힘을 세상을 위해 쓰는 것이 자랑이다.

그와 반대로 하늘의 도가 없는 세상이란 하루하루가 죽을 맛인 세상이다. 상식이 통하는 정의로운 세상이 아니라, 돈이 상식이고 권력이 정의가 되는 세상이다. '부익부 빈익빈', '유전무죄 무전유죄'의 세상이다. 돈 앞에선 누구라도 머리 숙여야 하고, 권력 앞에선 죄다 무릎 꿇어야 한다.

그런데 천하는 유도한 세상일 때도 있고, 무도한 세상일 때도 있다고 했다. 유도한 세상에서는 상식과 정의가 잣대니 거기에 따라야 하고, 무도한 세상에서는 돈과 권력이 잣대니 거기에 따를 수밖에 없다. 맹자의 말씀은 계속 이어지는데 여기까지만 발췌해서 '순천자존 역천자망'이 맹자 말씀으로 인용되고 있다. 맹자가 진정 하고 싶었던 말은 '순천자존 역

세상을 뒤집어볼까!

천자망'이 아니었다.

하늘의 도가 제대로 펼쳐진다면 당연히 천리에 순종해야 한다. 그러나 하늘의 도가 제대로 펼쳐지지 않아 오로지 권력과 힘에 의해 굴러가는 세상이라면 순천할 이유 없이 새로운 돌파구를 찾는 것이 어떠냐고 한다. 맹자는 운명에 순종하는 순천이 아니라, 그런 운명을 바꾸어보라고 조언한다. 도올 선생님의 '순천자존 역천자망' 강의를 들으며 받은 충격이 지금도 생생하다.

전국시대를 헤쳐나간 아주 냉철한 리얼리스트가 맹자다. 천하를 제패하기 위해 수단과 방법을 가리지 않던 전국시대는 도가 없이 막장으로 치닫는 세상이었다. 약자가 강자의 눈치를 보아야 살아남을 수 있었다. 강자에게 밉보이면 이유 없이 한순간에 잡아먹히는 시대였다. 그런 시대에 강자에게 대드는 무리한 역천은 망국의 길이 될 수밖에 없다. 그러니 '순천자'가 되어 '존', 살아남는 것이 우선이다.

하지만 그러한 '순천'이 수치스럽다고 생각된다면 그 수치를 극복하는 길이 있다고 했다. 도가 없이 막장으로 치닫는 천하에서 '순천'은 현실적 전략일 뿐이다. 그런 세상에서 순천을 극복하는 방법으로 인정仁政을 실천해야 한다고 했다. 그렇게 해서 국민들이 하나가 된다면 작은 나라 힘없는 나라지만, 큰 나라 힘 있는 나라에 멋대로 휘둘리지 않는 당당한 나라가 될 것이라며 이렇게 마무리했다.

공자 또한 말씀했다. "사람이 많다고 해서 그 많은 사람을 거느리는 것만 가지고 인자에게 대적할 수 없다. 무릇 한 나라의 임금이 인정을 실천하기를 좋아하기만 한다면 그는 천하무적이다." 지금 천하에 무적이기를 갈망하면서 인정을 실천하려고 하질 않으니, 이것은 여름 뙤약볕에 몸이 뜨겁게 달아오르는데 냉수목욕으로 몸을 식히는 것을 싫어하는 것과도 같다. 본능을 거부하는 어리석은 대책이다. '시'는 노래한다: "누가 몸이 열에 달아올라 고통스러운데, 냇가로 가 몸을 식히지 않으리오?"

순천, 운명에 순종하지 않고 새로운 운명을 개척하려면 인정을 베풀라고 했다. '인仁'이란 무엇인가? '측은지심'이 '인'의 작은 씨라고 한다. '우물가로 기어가는 아이를 보고 차마 그냥 지나치지 못하는 마음'이다. '내 갈 길도 바쁘지만 남을 위해 뒤로 미루는 마음'이다. '받을 것을 생각하지 않고 베푸는 마음'이 측은지심이다. 그 씨를 사람과의 관계에서 키워나가 활짝 꽃피우는 것이 '인'이다.

동서양에는 수없이 많은 영웅전이 있는데 그 영웅전을 살펴보면, 무적의 힘과 지혜를 갖춘 천하 영웅들의 공통점이자 조건이 있다. 영웅들은 추구하는 바가 있고 그것을 위해 모험을 한다. 그런데 영웅의 추구와 모험은 자신의 명예나 영달을 위한 것이 아니다. 자신의 부귀영달을 위한 추구와 모험을 한다면 영웅이라 부르지 않는다.

영웅이란 자신이 아닌 세상 모두를 위한 추구와 모험, 자기희생을 하는 자다. 그리고 영웅의 자기희생은 '인'의 마음에서 시작된다. '인'의 마음을 크게 확충시켜 세상을 위해 살아가는 '인자'다. 「양혜왕 상」 편에도 '인자무적仁者無敵'이라는 말이 나온다. 천하무적의 존재는 '인자'다. '인자'란 받으려는 마음이 아니라, 먼저 주려는 마음으로 세상과 관계하는 사람이다.

천하무적이 되는 인정의 '인'은 조건 없는 증여다. 다시 돌려받는 것을 생각하지 않고, 가진 것을 모두와 함께 나누겠다는 마음이다. 인자무적의 영웅들이 많다. 마하트마 간디, 애이브러햄 링컨, 마더 테레사, 이순신, 안중근…. 그들은 자신이 가진 것을 아낌없이 내놓음으로써 세상을 더 아름답게 만들었다. 돌려받겠다는 생각 없이 제 것을 세상에 아낌없이 내주었던 사람들이다.

가진 것 없어 근근히 살아가는데, 가치 있는 무엇을 세상에 기증하란 말이냐며 열 받을 일 없다. 마음을 담은 말과 행동이면 아무리 작더라도 족하다. 불가佛家에는 재물 없이도 남에게 베풀 수 있는 일곱 가지 '무재칠시無財七施'가 있다. 부드럽고 온화한 얼굴. 사랑, 칭찬, 격려 등 부드러운 말. 다른 존재에 갖는 자비심. 편안하고 온화한 눈길. 남을 돕는 공손한 태도. 다른 이에게 자기 자리를 양보하고, 내 잠자리를 잘 곳 없는 타인에게 내주는 행동이다.

하늘의 도가 사라진 탓인지 바람 잘 날 없는 세상이다. 힘과 권력만이 정의인 양 설쳐대는 세상, 참고 또 참아가며 살아야 한다. '참을 인忍 자 세 번이면 살인을 면한다'는 속담이 있다. 맹자는 '어질 인仁 자 세 번이면 운명을 바꾼다'고 했다. 돌려받을 생각하지 말고 먼저 주어보란다. 작은 것이라도 세상과 주변 사람들에게 먼저 베풀라고 한다. 운명도 바꾸는, 천하무적이 될 것이기에.

天下有道, 小德役大德, 小賢役大賢;
천 하 유 도 소 덕 역 대 덕 소 현 역 대 현

天下無道, 小役大, 弱役强. 斯二者, 天也.
천 하 무 도 소 역 대 약 역 강 사 이 자 천 야

順天者存, 逆天者亡.
순 천 자 존 역 천 자 망

천하에 유도하면 도덕이 표준이 되므로, 소덕자가 대덕자에게 부림을 당하고, 소현자는 대현자에게 부림을 당한다.
천하에 무도하면 적나라한 권력이 표준이 되므로, 소자는 대자에게 부림을 당하고, 약자는 강자에게 부림을 당한다. 이 두 경우가 모두 작은 자가 큰 자에게 부림을 당하는 것이니, 이것은 자연스러운 하늘의 이치라고 말해야 할 것이다.
그러므로 순천자는 존하고 역천자는 망한다.

지혜를
쓰다

# 맹모삼천 아니다<br>맹모사천이다

우리나라 교육열은 미국 대통령 오바마도 부러워한다. 그 교육열 뒤에는 대한민국 어머니들이 있다. 자라면서 어머니에게 야단맞을 때 그 시작은 늘 이런 말이었다.

"내가 너를 어떻게 키웠는데…."

"내 너희들만 바라보고 모든 것을 바쳐서 키웠는데…."

또 시작이구나 하면서 이어지는 말씀은 흘려보내기 일쑤지만, 모든 것 바쳐서 키웠다는 어머니의 말씀은 어린 나이에도 충분히 수긍이 갔다. 자식에게 좋은 어머니가 되기 위해 자신을 희생했던 어머니들이 우리를 이만큼씩이나 키워주셨고, 세상을 그나마 이렇게라도 돌아가게 만드셨다.

주자朱子에게도 영향을 준 송나라 유학자 장횡거張橫渠의 서명은 이렇게 시작된다. “하늘은 나의 아버지요. 땅은 나의 어머니. 하늘과 땅 사이의 모든 생명은 나와 탯줄을 같이한 형제라….” 세상의 생명은 어머니인 땅에 기대어 산다. 만물을 생육하는 주체는 어머니다.

그런 어머니 중 위대한 어머니를 꼽을 때 빠지지 않는 분이 계시다. ‘맹모삼천孟母三遷’의 맹자 어머니다. 어떤 총리 후보가 청문회에서 불법 전입이 밝혀지자 ‘맹모삼천’에 빗대어 자식 교육 때문이었다고 변명했다. 일국의 총리 후보가 ‘맹모삼천’의 의미도 모른 채, 전 국민에게 생중계되는 자리에서 언어도단의 핑계를 대는 걸 보고 참담했다. 맹모는 이사를 나녔어도 불법을 자행한 적은 없었다. 맹모는 자신이 책임질 일을 아들 맹자를 앞세워 빠져나가려 한 적이 없다. 맹모에 관련된 이야기들은 그런 자리에서 면피용의 핑곗거리로 쓰일 만만한 이야기가 아니다. 맹모 이야기 중 맹자를 제대로 교육시키기 위해 세 번 이사했다는 ‘맹모삼천’은 서곡에 불과하다.

‘후즈닷컴’에서 진행되는 도올 김용옥 선생님의 『맹자』 강의 초반부에서는 맹자를 이해시키기 위해 전한시대 유향의 『열녀전』을 비롯해 고전에 나오는 「추맹가모鄒孟軻母」를 강의하셨다. 처음 듣는 맹모 이야기였지만 강의를 듣는 내내 전율했다. 위대한 인간의 뒤에는 위대한 어머니가 있었다. 그때 들은 강의 내용과 자료를 정리해 어머니다운 어머니, 훌륭한 어머니가 꿈인 현재와 미래의 어머니들과 아버지들을 위해 ‘추맹가모’를 소개한다.

‘추맹가모’란 추나라 맹씨 집안 맹자의 어머니를 말하는데, 줄여서 ‘맹모'라고 한다. 처음 집이 묘지 부근이었다. 어린 맹자가 묘지에 가서 발을 구르며 곡소리를 내고 상례를 흉내 내며 놀았다. 그걸 본 맹모는 자식 기를 만한 곳이 못 되는구나 하고 시장 근처로 이사를 갔다. 그러자 맹자는 시장 상인들처럼 장사하는 흉내를 내며 놀았다. 맹모는 서기도 역시 자식 기를 만한 곳이 아니라는 판단에 서당 근처로 집을 옮겼다. 그러자 맹자는 '예를 갖추어 인사하고 나아가고 물러나는 것'을 흉내 내며 놀았다. 맹모는 여기가 자식 키울 만한 곳이란 생각에 그곳에 자리를 잡고 살았다. 여기까지가 누구나 알고 있는 '맹모삼천'이다.

'맹모삼천'에 대해 어떤 이는 "맹모가 묘지를 통해 죽음을, 시장에서는 살아가는 것을, 그리고 서당 부근에 살며 예를 가르치려고 이사했다"고 한다. 설마 어린 맹자에게 그랬을까 하는 생각이 들지만 한 가지 짚고 넘어갈 것은 있다. 대부분 서당 근처에 살며 맹자가 공부하는 것을 흉내 냈다고 알고 있다. 공부하면 지식의 습득을 떠올린다. 그런데 맹자가 흉내 내고 배운 것은 지식이 아니었다. '예를 갖추어 인사하고 나아가고 물러나는 것'을 배웠다고 했다. '예'란 사람과의 관계에 대한 것이다. 인간 관계를 말하는 것이다. 특별한 기술 재능을 가지고 있어도 혼자서는 아무것도 이룰 수가 없다. 사람과의 관계를 떠나서는 아무것도 할 수 없는 게 세상 이치이다.

'맹모삼천'은 '옆집 돼지 잡던 날'로 이어진다. 맹모가 홀몸으로 어린 맹자를 키우며 어렵게 살아가고 있던 어느 날, 옆집에서 그야말로 돼지 멱따는 소리가 들렸다. 맹자가 그 소리를 듣고 말했다.

"옆집에서 돼지를 잡네요."

그 말에 맹모는 웃으며 화답했다.

"우리 맹자에게 맛난 돼지고기 맛을 보여주려고 잡는가 보다."

그 말을 듣고 맹자가 좋아라 하며 뛰어나갔다. 순간 맹모는 자신이 말을 잘못했다는 것을 알고 남은 패물을 챙겨 돈으로 바꾸었다. 그리고 돼지고기를 사다가 그날 저녁 맹자에게 먹이며 말했다.

"네가 옆집에서 돼지를 잡는다는 말을 했을 때, 내가 말을 잘못했다. 너에게 주려고 옆집서 돼지를 잡은 것이 아니다. 하지만 에미가 그렇게 말한 뒷에 다급히 돈을 구해 옆집서 돼지고기를 사 왔다."

어린 맹자였지만 집안 사정을 아는 터라 그 돼지고기를 어떻게 먹게 되었는지 알 수 있었다. 맹모는 이렇게 말한 것이다. '어떤 일이 있어도 거짓말을 해서는 안 된다. 그리고 뱉은 말에는 책임을 져야 한다.' 자신이 한 말에 책임지는 것에서 진정성이 시작된다. 진정성은 모든 세대, 모든 분야의 최상의 가치다.

다음은 '맹모단기孟母斷機'로 알려진 이야기다. 맹자가 10대 때 집을 떠나 노魯나라에서 학문을 닦고 있었다. 그런데 고향이 그립고 집이 그리운 나머지 중도에 학업을 포기하고 집으로 돌아왔다. 베틀을 짜고 있던 맹모가 돌아온 맹자를 보고 물었다.

"배움은 어디까지 이르렀느냐?"

맹자는 머뭇거리며 당황해 말했다.

"그저 그렇습니다."

맹모는 짜고 있던 베의 날줄을 단칼에 잘라버렸다. 그러고는 당황해하는 맹자를 보고 말했다.

"배움을 도중에 그만둔 것은 짜던 베를 중도에서 끊어버리는 것과 같다. 무릇 군자는 배워서 바른 이름을 세우고, 물어서 지식을 넓혀야 한다. 그렇게 하면 머물러 있음에 평안하고, 어떤 일이 닥치더라도 해로움을 멀리할 수 있는 것이다. 이제 와서 공부를 그만두게 되면, 하인 신세를 면하지 못하게 되고 재난에서 벗어날 수가 없다."

맹자는 그길로 노나라로 돌아가 학문에 매진했다.

맹모 이야기는 맹자가 결혼한 후의 일로 이어진다. 맹자가 방에 들어서자 부인이 방 안에서 웃옷을 벗고 있었다. 그 모습을 본 맹자는 방을 나와서는 다시 들어가지 않았다. '맹자가 결혼 사흘 만에 이혼하겠다'고 하자, 부인은 맹모에게 이를 알리고 자신을 친정으로 돌려보내달라고 했다.

"내실의 일에 대하여는 부부의 도리를 논하지 않는다고 들었습니다. 내실은 제가 편히 있을 수 있는 유일한 공간입니다. 내실에 혼자 있으면서 예를 갖추고 있지 않았습니다. 그런데 그것을 보고 화를 내며 불쾌해하는 것은 저를 내실의 주인이 아니라 손님으로 대하는 것입니다. 여자의 도리는 손님의 방에는 머무르지 않는 것이니, 저를 저의 부모 계신 곳으로 돌려보내주십시오."

며느리의 말을 듣고 난 맹모가 맹자를 불러 말했다.

"예에 따르면 문 안으로 들어가려 할 때 누가 있는가를 묻는 것은 경의를 표하기 위해서다. 또 마루에 올라갈 때 인기척을 내는 것은 안에 있는

너는 너의 뜻대로 행하여라.
나는 나의 예대로 행할 것이다.

사람에게 누군가가 왔음을 알리기 위해서다. 그리고 방에 들어갈 때 눈길을 반드시 아래로 하는 것은 남의 허물을 보게 될까 조심해서다. 지금 네가 예를 잘 살피지 못하고, 오히려 남에게 예를 갖추지 않았다고 책망하는 것이 얼마나 잘못된 일이냐?"

맹모의 질책을 들은 맹자는 자신의 잘못을 부인에게 사과하였다.

강의 중 도올 선생님은 "맹모는 맹자에게 부인에게 큰 절로 사과하라고 했다"고 하셨다.

「추맹가모」 마지막 이야기다. 맹자가 제나라의 대부(총리)로 있을 때다. 오랜 고생 끝에 벼슬을 얻어 맹모 또한 풍족한 생활을 하고 있었다. 그런데 한밤중에 맹자가 기둥을 안고 탄식하는 광경을 보았다. 맹모가 물었다.

"전에 네 얼굴에 근심이 있는 것 같아 물었더니 아무것도 아니라고 하였다. 그런데 지금 또 기둥을 안고 탄식하는 까닭은 무엇이냐?"

당시 제齊나라 선왕宣王은 병력을 동원하며 연燕나라의 내정분란을 돕고 곧바로 철수하겠다고 맹자와 약속했다. 그런데 선왕은 연나라에 머물면서 수탈을 이어갔다. 자신의 말을 듣지 않는 선왕의 태도에 맹자는 참담했다.

"제후가 들으려고 하지 않으면 자신의 의견을 말하지 않고, 그 의견을 듣고서도 그 의견을 써주지 않으면, 그 조정에서는 벼슬하지 않는다고 합니다. 지금 제나라에 도가 행하여지지 않아 떠나기를 원하지만 어머니께서 연로하시니 이것이 걱정입니다."

그 말을 들은 맹모가 말했다.

"여자에게는 삼종三從의 도가 있다. 어려서는 부모에게 따르고, 출가해서는 남편에게 따르고, 남편이 죽으면 자식에게 따르는 것이 예이다. 지금 너는 성인이고 또 나는 늙었다. 너는 너의 뜻대로 행하여라. 나는 나의 예대로 행할 것이다."

맹모는 그렇게 말하고는 다음 날로 제나라를 떠나 추나라로 돌아갔다. 이 이야기가 '맹모사천'이다. 부귀영화도 그것이 사람의 도리가 아니면 한순간에 물리치며 천하의 맹자를 가르친 이야기다. 박학다식하기로는 전국시대 최고라고 해도 과언이 아닌 맹자다. 하지만 맹자는 늙어서까지 맹모에게 배웠다.

도올 선생님은 교육이란 '깨달음의 촉발의 계기를 확대해가는 것'이라고 했다. 세상의 어머니들은 자식에게 어떤 깨달음을 촉발시키는 교육을 해야 할 것인가? 맹모에게서 자세히 들을 수 없으니, 그 가르침으로 깨달음을 얻은 맹자에게서 찾아보면 어떨까. '교육, 선생, 학생, 학교…' 이런 단어의 출전이 모두 『맹자』다.

"지식이란 유머, 웃기 위해 배우는 것이다."

도올 선생님이 강의 중에 하신 말씀이다. 인생은 비극이란다. 지식이란 그 비극 속에서도 웃어가며 인간답게 살기 위해 배우는 것이라고 한다. 이는 『맹자』의 가르침이기도 하다.

# 孟子 · 2

# 세상에 정해진 것은 없다

# 비아야 세야!
# 비아야 병야!

종로구 부암동 언덕 정상의 상가가 몰려 있는 2차선 도로에서 생긴 일이다. 북악스카이웨이에서 내려오다 적신호로 멈추어 선 승용차 아래서 오갈 데를 모르고 멈칫대는 어린 길냥이를 보았다. 순간 '어떻게 길냥이가 저기에 가 있을까? 저 녀석, 어찌 할 바를 모르네. 저걸 어쩌지?'라고 생각하는 사이 신호가 바뀌어 승용차가 출발했다.

길냥이는 자신의 모습이 노출되자 당황해하며 그 자리를 피하지도 못하고 머뭇거렸다. 이어 소형 승합차가 다가왔다. 그러자 길냥이는 그 차 아래로 급히 뛰어들었다. 그런데 하필 뒷바퀴 앞이었다. 황망히 고개를 들어 소형차 운전석을 보니 운전자는 앞자리 승객과 낄낄거리고 있었다. 승합차 뒷바퀴에 깔린 길냥이의 울음이 터져나왔다. 큰 부상을 당한 길냥이는 뒷다리를 끌며 도로를 겨우 벗어나 길가의 화분 뒤로 몸을 숨겼다.

지금도 그 모습을 생각하면 참담함에 가슴이 아리다. '길냥이 사고'를 목격한 후 소형 승합차 운전자를 원망하기도 했으나 곧 그 사고의 책임을 내 탓으로 돌렸다. 아니 그 사고는 내 탓이다. 순식간의 일이었으나 '저러다 꼼짝없이 차에 치이겠다'는 생각이 들었다. 그때 도로로 뛰어들어 차를 세웠어야 했다. 어쩔 수 없이 그 상황을 지켜봐야만 했다는 것은 핑계일 뿐이다.

전동차가 들어오는 지하철역에서 선로에 떨어진 사람을 보고 뛰어내려 구출한 사람들의 이야기들이 새삼스럽게 떠오른다. 그것이 얼마나 어려운 판단과 힘든 행동인지 비로소 알게 되었다. '차마' 어쩔 수 없는, 지나칠 수 없는 것에는 분연히 나서겠다는 마음이 늘 가슴에 있어야 가능한 일이다. 앞으로 그와 같은 사건이 두 번 다시 내 앞에 펼쳐지겠냐마는, 만약 생긴다면 무조건 도로로 뛰어들어 승용차를 세울 것이라고 다짐한다.

주위 사람들에게 이런 이야기를 하면 '길에 흔하고 흔한 것이 길냥이고, 도로에서 차에 치여 나뒹구는 길냥이 사체 한두 번 본 것도 아닐 텐데 너무 오버하는 것이 아니냐'는 말을 한다. 그렇지 않다. 『맹자』에서 배우며 느낀 것이 있다.

『맹자』「양혜왕 상」편에 실려 있는 이야기다. 소가 벌벌 떨며 제물로 끌려가는 모습을 본 양혜왕은 신하에게 소를 놓아주라고 말했다.

"나는 저 녀석이 두려워 벌벌 떨면서 아무 죄도 없이 사지로 나아가는 모습을 차마 볼 수가 없다."

"제사 지내는 것을 그만두라는 것입니까?"

"어찌 제사를 폐지할 수 있겠느냐. 양으로 바꾸어 쓰라."

그랬더니 왕이 제사 지내는 데 쪼잔하게 제물을 아꼈다며 비웃는 소리가 나라 안에 온통 퍼졌다. '소는 불쌍하고 양은 불쌍하지 않은가?'는 비난도 어어졌다. 양혜왕은 자신의 속내를 어떻게 설명할 수 없어 고민하고 있었다. 그때 맹자가 양혜왕의 처지를 설명하며 '인仁'에 대해 말했다.

"유덕有德한 군자가 새나 짐승에 대하여 갖는 마음은, 일단 그 살아 있는 것을 본 마당에는 그것이 죽는 꼴을 차마 보지 못하며, 그것이 우는 소리를 들은 마당에는 차마 그 고기를 먹지 못하는 것입니다. 그러므로 군자는 푸줏간을 멀리하는 것입니다."

측은지심惻隱之心이란 '차마 그냥 지나치지 못하는 마음'이다. 맹자는 측은지심을 '인지단야仁之端也' 라고 했다. '인'의 작은 시작이라는 의미다. '인仁'은 공자가 말씀하셨다. 『논어』를 줄이고 줄이면 '인' 한 글자만 남는다고 해도 과언이 아니다. 그런데 공자는 '인'하기란 정말 어렵고 어려운 일이라고 했다.

호랑이는 호랑이답다. 개는 개답고, 쥐는 쥐답다. 그렇다면 인간, 인간답다는 것은 무엇인가? 힘없고 능력 없고 병들고 늙으면 자연에선 도태된다. 무리를 위해 추방시킨다. 그 무리의 안녕을 위해 어쩔 수 없는 일이다. 그러나 인간은 그렇지 않다. 도움받아야 할 그들을 함께 끌어안고 간

호랑이는 호랑이답다. 개는 개답고, 쥐는 쥐답다.

그렇다면 인간, 인간답다는 것은 무엇인가?

다. 아니 그렇게 살려고 한다. 이것이 인간답다는 것의 시작으로 '차마 그냥 지나치지 못하는 마음', '차마 어쩔 수 없는 마음'이다.

조선을 '맹자의 나라'라고 한다. 오늘을 사는 우리 삶에도 맹자는 영향을 미치고 있다. 맹자에서 시작된 수많은 말이 일상어로 쓰이고 있다. 오십보백보, 작심삼일, 사이비, 자포자기, 생활 혁명, 대장부 등의 단어는 자주 사용되는 말이다. '고독'이란 말도 맹자에 어원을 두고 있다. 「양혜왕하」 편에 나오는 '환과고독鰥寡孤獨'에서 비롯됐다.

'환'은 홀아비, '과'는 과부, '고'는 고아, '독'은 독거노인을 뜻한다. 모두가 돌봐주어야 할 딱한 사람들을 말하는데, '고'와 '독'에서 '고독'이란 단어가 만들어져 '세상에 홀로 떨어져 있는 듯이 매우 외롭고 쓸쓸함'의 뜻으로 쓰인다. 고독하다고 말하는 친구가 있으면 술이라도 한잔 사주는 게 도리다. 고독하게 보이는 사람이 있다면 그냥 지나치지 않는 게 도리다.

어려서 외갓집에 가면 가끔 보는 광경이, 거지 아저씨가 동냥 오면 외할머니는 개다리소반에 밥과 찬을 챙겨 사랑방 툇마루로 내오셨다. 그냥 깡통에다 덜어가겠다고 하면 '가져갈 밥 따로 챙길 터이니 먹고 가라'고 실랑이하던 모습이다. 이런 이야기를 하면 사람들은 '우리 할머니도 그랬어. 우리 집도 그랬어…'라며 거든다. 하지만 요즘 우리의 모습은 어떤가? 거리마다 허리 굽은 노인들이 골판지를 수거하러 다니는 모습을 볼 수 있다. 이제는 그걸 자연스럽게 보고 넘긴다. 과연 그 상황을 아무렇지 않게 보고 넘겨야 하는 것인가? 그냥 지나쳐서는 안 될 고독한 이웃이다.

'맹자' 하면 가장 먼저 떠오르는 말이 '대장부大丈夫'다. 대장부란 대단한 사람, 위대한 인물을 말하는 것이 아니다. 사람으로 태어나 사람답게 살다 사람답게 가려는 자가 대장부다. 그런 대장부를 맹자는 이렇게 말했다.

居天下之廣居, 立天下之正位, 行天下之大道.
거 천 하 지 광 거　입 천 하 지 정 위　행 천 하 지 대 도

천하의 넓은 집에 살고, 천하의 올바른 자리에 서서, 천하의 큰 길을 간다.

광거는 인仁, 정위는 예禮, 대도는 의義로, '인에 살며 예에 서서 의를 행한다'는 뜻인데, 풀어 말하면 이런 이야기다. '천하가 내 집이다. 천하의 모두가 내 가족이다. 그러니 병들고 힘없고 능력 없어 도움받아야 할 가족을 보살피자.'

대장부란 도와야 할 이웃을 도우며 인간답게 살려고 하는 인간을 말한다. 이런 대장부가 꿈꾸는 세상이 있다. 아주 간단하다. 모두가 더불어 함께 즐거워하는 세상이다. 그런데 요즘 대장부라고 자칭하는 무리들은 '우리가 남이가'라며 자기들끼리만 잘먹고 잘살기로 작정한 듯하다.

맹자가 양혜왕에게 물었다.

"사람을 몽둥이로 때려죽이는 것과 칼로 쳐 죽이는 것이 차이가 있습니까?"

왕이 말하였다.

"별 차이가 없소."

맹자께서 이어 물었다.

"그렇다면 칼로 사람을 죽이는 것과 정치로 사람을 죽이는 것이 뭔 차이가 있습니까?"

왕이 말하였다.

"차이가 없소."

사람 사는 세상은 정치가 시작이요 끝이다. 그런데 요즘 정치가들은 정치가 무얼 의미하는지, 정치를 어떻게 해야 하는지 모르는 듯하다. 단지 "이건 내 잘못이 아니야! 세월의 어쩔 수 없는 운명이야! 이건 내 잘못이 아니야! 칼이 잘못한 것이야! 비아야 세야非我也歲也. 비아야 병야非我也兵也"를 앵무새처럼 되뇌며, 일신의 부귀영화를 위한 도구로만 생각하는 듯하다.

> 흉년이 들어 사람이 죽어나가는데, 개·돼지가 사람이 먹어야 할 것을 먹고 있는데도 그것을 단속하지 않고, 길거리에 굶어죽은 시체가 나뒹굴고 있는데도 진휼곡식창고를 열 생각을 아니하고, 사람이 죽으면 말하기를 "이건 내 잘못이 아니야! 세월의 어쩔 수 없는 운명이야!"라고만 말한다면, 이것은 칼로 사람을 찔러 죽이고 나서, "이건 내 잘못이 아니야! 칼이 잘못한 것이야!"라고 말하는 것과 뭐가 다르겠습니까?
>
> - 도올 김용옥 『맹자, 사람의 길』 1a-3. 양혜왕 상 114p

실정 탓이 아니라 세월의 잘못이고, 칼로 사람을 찔러 죽이고 칼이 죽였다고 우기는, '비아야 세야, 비아야 병야' 구절이다. 이는 위정자들뿐만 아니라 세상의 '갑'의 자리에 있는 사람들이 '을'의 자리에 있는 사람들에게 수시로 내뱉는 말이다.

인간이 가장 아파하는 상처는 보이지 않는 상처, 말에 의한 상처다. 형체도 없는 말이지만, 입 밖에 내뱉는 순간 칼이 되어 가슴을 베고 화살이 되어 귀에 박힌다. 약이나 수술로 치유되지 않는 상처고 한번 박히면 뽑히지 않는 화살이다. 하지만 함부로 말하고 행동해 상처를 입히고는 자기 탓이 아니라며 세태니 관행이니 핑계를 댄다.

1980년대 가톨릭교회에서 시작된 '내 탓이오' 운동이 있다. 미사 처음 부분에 행해지는 '고백의 기도' 중에 나오는 구절로 '내 탓이오. 내 탓이오. 내 큰 탓이로소이다'에서 비롯됐다고 한다. 살맛나는 세상, 국민들이 행복한 세상, '을'을 위한 세상을 만드는 법은 하나다. 위정자들의 입에서, '갑'의 입에서 '내 탓이오'라는 이 말만 나오기 시작한다면 된다. 어렵지 않다. '차마 지나칠 수 없는 마음, 차마 어쩔 수 없는 마음만 회복하면 된다' 이는 맹자의 말이다.

狗彘食人食而不知檢，塗有餓莩而不知發.
구 체 식 인 식 이 부 지 검 도 유 아 부 이 부 지 발

人死則曰，'非我也，歲也.' 是何異於刺人而殺之曰，
인 사 즉 왈 비 아 야 세 야 시 하 이 어 자 인 이 살 지 왈

'非我也，兵也.'
비 아 야 병 야

흉년이 들어 사람이 죽어나가는데, 개 돼지가 사람이 먹어야 할 것을 먹고 있는데도 그것을 단속하지 않고, 길거리에 굶어죽은 시체가 나뒹굴고 있는데도 진휼곡식창고를 열 생각을 아니하고, 사람이 죽으면 말하기를 "이건 내 잘못이 아니야! 세월의 어쩔 수 없는 운명이야!"라고만 말한다면, 이것은 칼로 사람을 찔러 죽이고 나서, "이건 내 잘못이 아니야! 칼이 잘못한 것이야!"라고 말하는 것과 뭐가 다르겠습니까?

지혜를
쓰다

# 하늘의 재앙은 오히려 피할 수 있으나

영화 〈관상〉은 『조선왕조실록』과 '관상觀相'을 결합해 만든 작품이다. 역사적 사실에 상상력을 더한 팩션 사극으로 충무로에서는 개봉 전부터 기대가 컸다. '관상'이란 소재에 대한 잠재 수요 때문이다. 신라 선덕여왕善德女王 때 이 땅에 들어온 관상은 상술相術과 상법相法이라 불리며 조선시대에 크게 유행했다고 한다. 그런데 지금은 그때보다 더한 듯하다. 입시철 인사철 점집은 문전성시를 이룬다. 때마다 일마다 우선순위 1위로 점집을 찾는 사람들이 많다. 대학생들 중에는 점 본다고 계까지 들기도 한다.

CNN, BBC 등 해외 유수 미디어에서 우리나라를 소개할 때 빼놓지 않는 문구가 있는데, '성형천국'이다. 영국 경제주간지 〈이코노미스트〉 보도에 따르면, 2011년 기준 인구 1,000명 당 성형수술 시술 횟수는 이탈

리아가 3위, 그리스가 2위 그리고 우리나라가 세계 1위를 차지했다. 그런데 성형천국이 달리 된 게 아니다. 점, 관상 때문이다. '어디가 문제다. 어떻게 고치면 팔자가 핀다'는 말에 뜯어 고친 탓도 크다.

관상은 얼굴로 수명이나 운명을 판단한다. 영화 〈관상〉에서 천하의 관상쟁이 내연으로 분한 송강호는 "수양대군은 이리 상, 김종서는 호랑이 상"이라고 하며 "영악한 이리한테 호랑이는 진다"고 했다. 영화에서는 내연이 예견한 운명대로 이야기가 풀려갔다. 정말 그랬을까? '점' 하면 주역이다. 그런데 주역의 대가인 공자는 운명을 믿지 않았다.

『논어論語』「선진先進」 편의 이야기다. 제자 자로子路가 귀신 섬기는 것에 관하여 여쭈었다. 공자께서 말씀하셨다.

"아직 사람도 제대로 섬기지 못하면서 어찌 귀신을 섬길 수 있단 말인가?"

이에 우직한 자로가 죽음에 관하여 여쭈었다. 그러자 공자께서 말씀하셨다.

"아직 삶을 모르면서 어찌 죽음을 알겠느냐?"

『주역周易』을 철학 사상으로 끌어올린 해석서 『십익十翼』을 저술한 공자다. 점으로 삶을 알 수 있다면 누구보다 더 잘 알 수 있었던 공자께서 '아직 삶을 모른다'고 했다.

창경궁이 창경원이던 시절, 그 안에는 동물원이 있었다. 사냥 모자를 쓴 어른이 집채만 한 도사견을 끌고 왔다. 또래 아이들과 무서워서 비명을 지르며 비켜났다. 그런데 갑자기 그 도사견이 꼼짝 못 하고 멈춰 서서 오줌을 지렸다. 주인이 굵은 목줄을 당겨도 꼼짝하지 않았다. 그 자리에 얼어붙은 듯했다. 도사견의 시선을 따라 고개를 돌렸더니 쇠창살 우리 안에서 늑대가 도사견을 노려보고 있었다.

어린 나이였지만 한순간에 상황이 이해됐다. '쌤통!'이란 말은 못 내뱉었지만, 도사견을 끌고 가려고 얼굴이 새빨개지도록 힘을 써대며 목줄을 당기던 개 주인에게 측은한 마음까지 들었다. 그런데 그런 상황이 순식간에 무너졌다. 멀리 떨어진 우리에서 들려온 호랑이 포효 때문이다. 그 소리에 늑대가 몸을 사리자 도사견은 자유를 찾았고 그사이 개 주인은 허겁지겁 개를 끌고 사라졌다. 울음소리만으로 늑대와 도사견을 제압하는 호랑이가 얼마나 위대한 맹수인지 확인한 순간이었다.

그런데 어른이 되고서 그 생각은 바뀌었다. 〈내셔널 지오그래픽〉의 아프리카 동물 다큐멘터리를 보았는데 10번 습격에 7번을 실패하는 사자의 먹이 사냥은 참담하기까지 했다. 그전에 알고 있던 밀림의 왕 모습이 아니었다. 그저 먹고 살려고 아등바등거리며 애를 쓰는 모습은 우리가 살아가는 모습과 다를 바 없었다.

그뿐만이 아니었다. 그렇게 힘들게 사냥한 먹이를 하이에나 무리한테 빼앗기고 힘 빠진 초라한 어깨로 물러서는 사자를 보면서 밀림의 왕한테도 어쩔 수 없는 상대가 있다는 걸 알게 되었다. 쥐도 막다른 골목에 몰리면 고양이한테 대든다고 했다. 세상사란 살아가는 고비마다 수많은 변수들이 있다. 타고났다고 타고난 대로 살 수 있는 세상이 아니다.

'관상' 하면 떠오르는 인물이 있다. S재벌그룹의 선대 회장이다. 신입사원 면접 때 관상가를 함께 배석시켰다는 소문으로 유명했다. 그런데 최근 어떤 신문사 기자가 확인해본 결과 배석한 관상가는 없었다고 한다. 하지만 회장이 면접에 참석해 직접 관상과 사주로 신입사원을 평가했다고 한다. 다른 면접관들과 상관없이 회장은 꼭 '갑, 을, 병'으로 채점했는데, 그 결과는 절대적이었다. '갑'을 받은 응시생은 다른 면접관의 점수와 관계없이 무조건 합격됐고, '병'은 다른 면접관의 평가와 관계없이 무조건 떨어졌다고 한다. 회장이 자신의 회고록에서 밝힌 바다.

"나는 채용 기준에 있어 학점에 50점, 인물에 50점씩 배정한다. 내일의 사장감이나, 부장감이 될 수 있는 사원의 자질이란 학력이 결정해주는 것이 아니다. 가장 중요한 자질은 어디까지나 원만하고 성실한 성품에 있다. 그래서 나는 신입사원의 면접시험에는 제만사하고 참석하고 있다."

재물운을 타고난 인물도 아니고, 귀하게 될 운을 타고난 인물도 아닌, 원만하고 성실한 성품의 인물을 찾았다고 한다. '원만하고 성실한 성품.' 말이나 글로는 쉽게 표현되지만 원만하다는 것은 마음을 다해 가까운 사람을 챙기고, 존경받아야 할 사람을 진정으로 받드는 삶의 태도다. 성실하다는 것은 쉼 없는 지극한 정성, '지성무식至誠無息'의 삶의 자세로 유가에서 이상적으로 꼽는 성품이다. 선대 재벌회장은 왜 그런 인물을 뽑으려 했을까? 혹 『맹자』에 나오는 이 한마디 때문은 아니었을까?

『맹자』 「공손추 상」 편에 나오는 구절이다.

天作孼 猶可違, 自作孼 不可活.
천 작 얼 유 가 위 자 작 얼 불 가 활

하늘이 지은 재앙은 오히려 피할 수 있으나, 스스로 지은 재앙은 도저히 도망갈 길이 없나이다.

『맹자』에 이 구절은 두 번 반복해서 나온다. 그만큼 중요한 메시지라고 강조한 것이다.

'창랑의 물이 맑구나! 내 갓끈을 씻으리로다. 창랑의 물이 탁하구나! 내 발을 씻으리로다.' 공자가 이 노래에 관하여 논평한 것이 있다. "제자들아! 이 노래를 들어보아라! 같은 냇물이라도 맑으면 깨끗한 갓끈을 빨고, 흐리면 더러운 발을 씻는다. 이것은 물이 스스로 초래한 것이다." 공자는 제자들 자신의 삶을 경계토록 한 것이다. 무릇 사람은 자기가 자기를 모멸한 후에나 타인이 그를 모멸하고, 일가가 스스로 자기를 훼멸한 연후에나 타인들이 그 집안을 훼멸한다. 한 나라도 스스로 자기를 정벌한 연후에나 타국이 그 나라를 정벌하게 되는 것이다. 상서 태갑에 이런 말이 있다. '하늘이 지은 재앙은 오히려 피할 수 있으나, 스스로 지은 재앙은 도저히 도망갈 길이 없다.' 여기서 말하는 자초의 화를 두고 하는 말이다.

- 도올 김용옥 『맹자, 사람의 길』 4a-8. 이루 상 397p

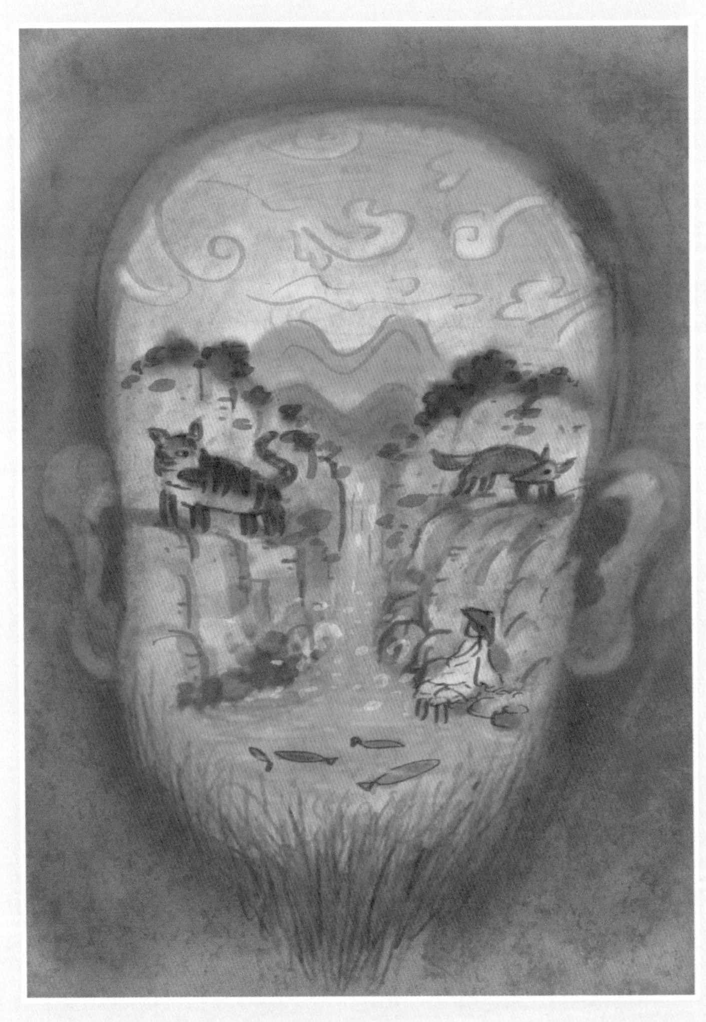

운명이나 팔자는 정해진 것이 아니라
결국 자신이 초래하는 것이다.

창랑滄浪이란 강의 생김이 어떤지는 문제가 되지 않는다. 그 창랑을 흐르는 물이 문제다. 그 사람이 어떻게 생겼는지, 어떤 팔자를 타고났는지는 상관없다. 어떤 말을 하고 어떤 행동을 하며 어떤 삶의 태도로 살아가느냐에 따라 그에 맞는 대접을 받기 마련이다. 운명이나 팔자는 정해진 것이 아니라 결국 자신이 초래한다.

도올 선생님이 『맹자』의 이 구절을 강의하며 하신 말씀이다.

"일본에 있어서 후쿠시마 해일은 하늘의 재앙 천작얼天作孽이다. 그 재앙은 수개월 수년이면 복구되고 벗어날 수 있는 것이었다. 하지만 일본인 스스로 만든 재앙, 예비 발전기를 예산 문제로 최초 설계도보다 낮은 데 설치를 했다. 그리고 비상조치로 원자로의 냉각수 가동을 위해 발전차를 급히 보냈는데도 50미터 전력선이 없어 발전차의 전기를 사용하지 못했다. 결국 때를 놓쳐 원자로 노심이 융해되는 사태에 이른 것은 자작얼自作孽, 스스로 만든 재앙이다."

일본은 타고난 운이 정말 좋은 나라다. 태풍이 원元나라의 일본 정벌을 막아주었다. 단 한 번도 외세의 침탈이 없었다는 것이 일본의 자랑이다. 지형적 조건으로 일찍 서양 문물을 받아들여 개화했다. 서양과의 교역으로 막대한 부를 축적할 수 있었다. 그 덕에 동양에서 가장 먼저 서구 문명화된 국가를 일군 일본이지만 저들이 스스로 해온 짓들을 보자.

조선에 '정명가도征明假道', 곧 명나라를 치는 데 필요한 길을 빌려달라며 임진왜란을 일으켰다. 어디 그뿐인가? 명치유신 후 또 다시 우리나라와 중국을 침탈하며 2차 세계대전을 일으켰다. 그렇게 스스로 지은 재앙으로 일본 국민은 원폭투하라는 인류 역사상 유례 없는 참혹한 피해를 입었다.

그렇게 망했던 일본은 한국전쟁의 특수로 재건의 발판을 마련한다. 정말 억세게 운 좋은 나라다. 세계 경제 2위의 대국으로 도약하면서 현대문명의 최첨단 과학기술 도입에 힘을 쏟았다. 선진국 중 가장 앞선 사회시스템을 구축해온 듯 보였다. 하지만 그 최첨단 과학기술에 의해, 도쿄전력 임직원들과 정부 관료들의 스스로 지은 재앙으로 인해, 일본 열도는 세슘 먼지로 침몰되고 있는 중이다. 하늘이 내린 재앙이 아니라 스스로 지은 재앙으로.

'滄浪之水清兮, 可以濯我纓; 滄浪之水濁兮,
창랑지수청혜 가이탁아영 창랑지수탁혜

可以濯我足.'
가이탁아족

孔子曰: '小子聽之! 清斯濯纓, 濁斯濯足矣.
공자왈 소자청지 청사탁영 탁사탁족의

自取之也.' 夫人必自侮, 然後人侮之; 家必自毁.
자취지야 부인필자모 연후인모지 가필자훼

而後人毁之; 國必自伐, 而後人伐之.
이후인훼지 국필자벌 이후인벌지

太甲曰: '天作孽, 猶可違; 自作孽 不可活.'
태갑왈 천작얼 유가위 자작얼 불가활

此之謂也.
차지위야

'창랑의 물이 맑구나! 내 갓끈을 씻으리로다. 창랑의 물이 탁하구나! 내 발을 씻으리로다.'

공자가 이 노래에 관하여 논평한 것이 있다. "제자들아! 이 노래를 들어보아라! 같은 냇물이라도 맑으면 깨끗한 갓끈을 빨고, 흐리면 더러운 발을 씻는다. 이것은 물이 스스로 초래한 것이다." 공자는 제자들 자신의 삶을 경계토록 한 것이다. 무릇 사람은 자기가 자기를 모멸한 후에나 타인이 그를 모멸하고, 일가

가 스스로 자기를 훼멸한 연후에나 타인들이 그 집안을 훼멸한다. 한 나라도 스스로 자기를 정벌한 연후에나 타국이 그 나라를 정벌하게 되는 것이다.

상서 태갑에 이런 말이 있다. '하늘이 지은 재앙은 오히려 피할 수 있으나, 스스로 지은 재앙은 도저히 도망갈 길이 없다.' 여기서 말하는 자초의 화를 두고 하는 말이다.

# 친구여
# 술잔을 들라!

독일 월드컵이 있었던 해 6월, 프랑크푸르트 시내 괴테 하우스 3층 서재. 괴테가 쓰던 탁자 앞에 20대 동양 청년 두 명이 앉아 있었다. 지도를 펼쳐 놓고 해맑게 웃으며 손가락으로 행선지를 확인하는 그들의 대화는 일본어가 아니라 한국어였다. 그 순간 우리 일행은 동시에 눈을 마주쳤다. 그리고 두 친구를 부러운 눈으로 바라봤다. 20대에 친한 친구와 둘이서 해외 배낭여행을 한다는 건, 어느 세대거나 부러워할 일이다. 우리 일행에게 목례를 하고 길을 재촉하던 그 둘의 우정이 지금은 어떻게 됐을까?

어느 골목 어느 술집을 가나 손님 절반은 친구 사이다. 밤늦도록 흥겹게 떠들어대며 '친구밖에 없다!', '뭐니 뭐니 해도 친구가 최고다!'라며 술잔 부딪치는 광경을 흔하게 볼 수 있다. 대부분의 사람들에게 친구란 단어의 뉘앙스는 편안하고 기분 좋게 다가온다. 그러나 살다 보면 친구란 정말 어떤 사이고, 친구 사이란 어디까지인지 궁금할 때가 많다.

영국의 한 출판사에서 상금을 내걸고 친구라는 말의 정의를 공모했다. 수천 통의 응모엽서 중 1등으로 뽑힌 글이다. '친구란 온 세상 사람이 내 곁을 떠났을 때, 나를 찾아오는 그 사람이다.' 이밖에도 친구에 대한 아름다운 정의가 많다. 소포클레스의 '우리가 존경하고 또 그를 위해 힘 있는 대로 도우려고 하는 사람이다'와 아메리카 원주민들의 '내 슬픔을 등에 지고 가는 자'가 기억에 남는다.

친구에 대한 아름다운 이야기도 많다. 도덕 교과서나 이야기책에 꼭 실렸던 글이다. 매일 밤 수많은 친구들과 어울려 술 마시느라 바쁜 아들에게 아버지가 물었다.

"친구가 많은 모양인데 너와 고락을 같이 할 수 있는 친구가 몇이나 있냐?"

아들은 정말 많다고 했다. 그러자 아버지는 친구다운 친구가 과연 있는가를 시험해보자고 했다. 돼지 한 마리를 잡아 시체처럼 꾸며 거적에 쌌다. 그리고 먼저 아들과 가장 친한 친구 집을 찾았다. 문을 두드리자 아들 친구가 나왔다. 친구가 거적 짊어진 것을 보고 의아해하자 아들이 말했다.

"남과 시비를 하다가 살인을 했네. 만일 발각이 되는 날엔 관아로 잡혀가서 사형 당하고 말 것이네. 급한 마음에 시체를 거적에 싸서 자네를 찾왔네. 나를 숨겨줄 수 있겠나?"

아들의 말에 친구는 정색하며 말했다.

"살인을 하고 시체를 지고 이렇게 오다니! 그런 큰 죄를 지었으면 어서 관아에 가서 자수하는 게 도리 아닌가? 빨리 가서 자수하게. 아니면 내 자네를 위해 대신 신고할 거네!"

당황한 아들은 돌아가 자수하겠다고 말하고는 발길을 돌렸다. 친구 집 서너 곳을 더 다녔으나 결과는 마찬가지였다. 어쩔 줄 몰라하는 아들을 앞장세워서 이번에는 단 하나뿐인 아버지의 친구를 찾아갔다. 아들이 친구에게 했던 말을 되풀이했다. 아버지 친구는 깜짝 놀라며 문을 열더니 두 부자를 들어오게 했다.

"일을 수습하기 전에, 그 시체부터 어디 두어야 하지 않겠는가?"

아버지 친구는 괭이와 삽을 가지고 나와 마당을 급하게 판 뒤 거적을 받아서 묻으려 했다. 그러자 아버지는 친구에게 말했다.

"거적에 싼 것은 송장이 아니라 삶은 통돼지일세. 돼지를 썰고 술을 내오게."

아버지는 어리둥절해하는 친구에게 자초지종을 털어놓았다. 그리고 아들에게 말했다.

"봐라. 네가 친구는 그처럼 많지만 어느 하나도 너를 위난 속에서 건져주려는 사람은 없었다. 나는 비록 한 친구일망정 위험을 무릅쓰고 나를 구하려 들었다. 한 사람이라도 진정한 친구를 사귀도록 해라."

시대가 바뀌었다. 지금 시대에 아버지 친구처럼 행동했다간 사체유기,

범인은닉 등 수많은 죄를 짓게 된다. 그러나 아버지 친구의 행동은 아무리 시대가 바뀌어도 위급하고 어려울 때 그것을 같이하는 친구의 '표상'이다.

힘들다. 버겁다. 부모 형제보다도 친구가 그리운 세월이다. 일이 꼬일 대로 꼬여 막막해지면 떠오르는 것이 친구 얼굴이다. 급하게 돈이 필요하다. 사방팔방 죄다 시도했지만 구할 길이 없다. 여유 있는 친구에게 빌리고 싶지만 우정 때문에 손을 내밀 수가 없다. '친구와 절대 해서는 안 될 일이 돈거래다'라는 말을 수도 없이 들었기 때문이다. 친구와 같이 사업을 하면 도움도 되고 좋을 것 같다. 하지만 감히 이야기를 꺼낼 수 없어 전전긍긍한다. 역시 수도 없이 들은 말이 떠오르기 때문이다. '친구와는 절대 동업 말라'는 말이다.

친구란 '도와주고 싶은 사람'이고, '내 슬픔을 등에 지고 가는 자'고, '온 세상 사람이 내 곁을 떠났을 때 나를 찾아오는 그 사람'이라 했다. 그런 친구 사이에 돈거래를 하지 말고 같이 사업하지 말라는 것이 말이나 되는 소린가? 왜 그런 말이 나도는 것인가? 『맹자』를 읽어보면 그 이유를 알 수 있다.

제자인 만장萬章이 맹자에게 친구를 사귀는 원칙에 대하여 물었다. 맹자가 답한 내용을 풀어 말하면 이렇다.

"참으로 좋은 질문이다. 친구를 사귀는 데도 중요한 원칙이 있다. 친구 사이에는 나이를 더 먹고, 덜 먹었다는 '나이 의식'이 끼어들면 안 된다.

귀하고 천하다는 '신분 의식'이 끼어들면 안 된다. 연줄이나 패거리를 도모하는 '우리가 남이가?' 의식이 끼어들면 안 된다. 친구를 사귄다는 것은 근본적으로 무엇을 의미하는가? 그것은 그 '덕德'을 벗하는 것이다."

친구를 벗이라고 한다. 덕을 벗해서 친구란다. 그런데 '덕'이란 '쌓아가는 것'이다. 무엇을 쌓아가는 것인가? 존경하고 또 그를 위해 힘 있는 대로 도우려고 마음과 행동을 쌓아가는 것이다. 맹자는 진나라 평공平公과 현자였던 해당亥唐의 우정을 예로 들며 친구 사이에서 쌓아가야 할 것들에 대해 설명한다.

진나라 평공은 군주지만 초야에 이름 없이 살던 해당과 친구였다. 해당이 움막 같은 집 안으로 들어오라고 말하면 들어갔다. 앉으라고 말하면 앉았고 먹으라고 말하면 군말 없이 먹었다. 거친 밥과 시래깃국이라도 먹으라 하면 배불리 먹지 않은 적이 없었다고 했다.

여기까지 듣다 보면 '평공은 참 좋은 친구네'라며 고개를 끄덕이게 된다. 하지만 맹자는 그저 그런 친구 사이지, 진정한 친구 사이는 아니라고 했다. 맹자가 말하는 진정한 친구 사이는 이런 것이다. 「만장 하」 편의 원문이다.

> 진나라 평공이 진나라의 현인인 해당을 대한 자세도 비슷한 사례이다. 해당이 들어오라고 말하면 들어갔고, 앉으라고 말하면 앉았고, 먹으라 말하면 군말 없이 먹었다. 거친 밥과 시래깃국이라도 먹으라 하면 배불리 먹지 않은 적이 없었다. 이것은 해당이 권유했기 때문에 그에 대

한 성의를 표시하기 위해서 배불리 먹지 않을 수 없었던 것이다. 이 정도만 해도 현자를 벗하는 태도로서는 괜찮은 편이지만 진평공은 여기에서 그치고 말았을 뿐이니 사려가 부족한 인간이라 말하지 않을 수 없다. 그가 제대로 된 군주라면 해당을 등용하여 '하늘이 주는 위'를 공유하고 '하늘이 주는 직'을 분담하고 '하늘이 주는 녹'을 나누어 가졌어야 했는데, 그는 그렇게 하지 않았다. 이것은 일개 선비가 현자를 존경하는 태도일 뿐이지, 왕공의 지위를 가진 자가 현자를 존경하는 태도가 아니다.

- 도올 김용옥 『맹자, 사람의 길』 5b-3. 만장 하 570p

강의를 들으며 '자신의 신분과 직위와 재산마저 같이 나눌 수 있어야 친구라 할 수 있다!'는 구절이 뇌성벽력처럼 나를 내려쳤다. 그 순간 후회와 안타까움에 눈물이 핑 돌았다. 나는 도대체 친구를 뭐라고 정의하고 살았던 것인가? 기껏 술 마시고 밥 같이 먹는 것이 친구였다. 물론 그렇게 살지 않으려 했다. 하지만 돌이켜보니 그러했다.

맹자의 말은 왕공이나 사회적 권세를 가지고 있는 사람들, 오늘날의 성공한 사람들이 벗한다고 하는 삶의 자세에 관한 것이다. '벗함'에 있어서 반드시 구체성이 있어야 하는데 그것은 '천위天位 천직天職 천록天祿'을 공유한다는 신념이 있어야 한다는 것이다. 그렇게 나눌 마음이 없으면 친구 사귈 생각 말라. 그렇게 행하지 못하면 '친구 사이'라 말란다.

자신의 신분과 직위와 재산마저
나눌 수 있어야 친구라 할 수 있다.

삶을 아름답게 꽃피우기 위해, 아름답게 열매 맺기 위해, 아름답게 마무리 짓기 위해, 아니 오늘을 행복하게 살기 위해 친구가 필요하다. 살면서 친구다운 친구 한 명이라도 있으면 그 삶은 성공한 것이라 한다. 친구란 그렇게 귀한 것이다. 귀한 것치고 얻기 쉬운 것 있는가? 그렇다면 그 귀한 친구를 어떻게 얻을 것인가? 맹자는 말한다. "주고 또 주어야 한다. 준다는 생각도 없이. 그 방법 외에는 다른 방법이 없다."

친구는 어떻게 만들어지나. 만나서 친구 하자 했다고 친구가 되는 것이 아니다. 덕을 쌓아야 한다. 세월도 쌓고 정도 쌓고 아낌없이 주는 행위를 쌓아가야 한다. 세상 절로 이루어지는 것은 없다. 모든 것은 스스로 만들어가는 것이다. 인생도 사랑도 우정도….

晉平公之於亥唐也, 入云則入, 坐云則坐,
진 평 공 시 이 해 당 야 입 운 즉 입 좌 운 즉 좌

食云則食, 雖疏食菜羹, 未嘗不飽,
식 운 즉 식 수 소 사 채 갱 미 상 불 포

蓋不敢不飽也. 然終於此而已矣.
개 불 감 불 포 야 연 종 어 차 이 이 의

弗與共天位也, 弗與治天職也, 弗與食天祿也,
불 여 공 천 위 야 불 여 치 천 직 야 불 여 식 천 록 야

士之尊賢者也, 非王公之尊賢也.
사 지 존 현 자 야 비 왕 공 지 존 현 야

진나라 평공이 진나라의 현인인 해당을 대한 자세도 비슷한 사례이다. 해당이 들어오라고 말하면 들어갔고, 앉으라고 말하면 앉았고, 먹으라 말하면 군말 없이 먹었다. 거친 밥과 시래깃국이라도 먹으라 하면 배불리 먹지 않은 적이 없었다. 이것은 해당이 권유했기 때문에 그에 대한 성의를 표시하기 위해서 배불리 먹지 않을 수 없었던 것이다. 이 정도만 해도 현자를 벗하는 태도로서는 괜찮은 편이지만 진평공은 여기에서 그치고 말았을 뿐이니 사려가 부족한 인간이라 말하지 않을 수 없다. 그가 제대로 된 군주라면 해당을 등용하여 '하늘이 주는 위'를 공유하고 '하늘이 주는 직'을 분담하고 '하늘이 주는 녹'을 나누어 가졌어야 했는데, 그는 그렇게 하지 않았다. 이것은 일개 선비가 현자를 존경하는 태도일 뿐이지, 왕공의 지위를 가진 자가 현자를 존경하는 태도가 아니다.

지혜를
쓰다

# 지성이면
# 감천이다

새해를 맞이하면 대부분 하는 일이 있다. 새 각오로 한 해의 계획을 세운다. 술 담배를 기필코 끊겠다. 몸무게를 몇 킬로그램 줄이겠다. 얼마를 저축하겠다. 책 몇 권을 읽겠다. 무엇을 배우고야 말겠다. 새로운 프로젝트를 세워 꼭 성공시키겠다…. 그러나 며칠 혹은 몇 달 지나지 않아 좌절에 빠진다. '난 왜 항상 작심삼일로 끝나는 건가?'라고 고민하며 자책을 한다. 하지만 그렇게 고민할 일이 아니다. 자책할 일도 아니다. 대부분 계획을 세울 때 중요한 것을 빼놓고 세우기 때문에 그런 결과를 자초하는 것이다.

초등학교 중학교 고등학교의 교실 칠판 좌우에는 교훈과 급훈이 붙어 있었다. 둘 중 하나는 '성실'이다. 커오면서 어른들한테 들었던 훈계도 크게 두 개다. '공부 잘하라'와 '성실하라'이다. 그런데 '성실'이라고 붙여놓기만 하고 아무도 그 의미를 가르쳐주지 않았다. '성실하라'고 훈계는 했지만 그것이 무엇을 의미하는지 가르쳐주지 않았다. 그런 탓에 어린 시절, 성실은 고리타분하고 지루하고 의미 없는 말이 되어 의식 저 아래로 미끄러져 들어갔다. 그 후 살면서 많은 시간과 비용과 땀과 눈물을 지불하고 나서야, 혹독한 대가를 치르고서야 '성실'의 의미를 알게 됐다.

성실의 성誠이란 '마음과 행동이 늘 한결같음'을 뜻한다. '성'이란 쌓아가는 것이다. 쌓아가는 것을 '덕德'이라고도 한다. '덕'이란 '득得'이라고 한다. '얻는다'는 의미다. 무엇을 얻는다는 것일까. 생각지도 못하고, 상상치도 못한 것을 얻게 된다.

'후즈닷컴'에서 도올 선생님의 『중용』 강의 중 특히 '성'과 관련된 『중용』 26장 강의는 아름다운 이미지로 가슴에 깊게 새겨져 있다. '한 주먹 작은 돌, 그저 돌덩이에 지나지 않는다. 그러나 그 돌이 쌓이고 쌓여 큰 산이 되면, 바람 불고 구름 모이고 비 내리고 초목이 자라고 금수가 찾아들고 보석이 생겨나지 않는가.'

한 주먹 작은 돌 대신 한 그루 소나무에 비유하면 이렇다. '한 그루 서 있는 소나무는 그저 소나무일 뿐이다. 열 그루 백 그루 모여 소나무 숲이 이루어지면 상쾌한 숲의 기운을 느낄 수 있다. 그러나 천 그루 만 그루가 모여 넓고 깊은 소나무 산림이 만들어지면 수많은 짐승들이 모여들며 신령스런 기운이 일게 된다.'

돌이나 소나무를, 살아가는 하루하루에 비유하면 이런 의미다. '365일 하루하루는 한 주먹 작은 돌덩이에 지나지 않는다. 그러나 그 하루가 쌓이고 쌓여 큰 산을 이루게 되면 예상치 못한 일들이 일어난다. 아무도 상상하지 못한 결과를 얻게 된다.'

혈기 넘치는 20대 30대는 재능과 능력을 앞세운다. '성실'에 대해 말하면 대부분 '한결같음'이 밥 먹여 주냐며 고리타분하다는 표정을 짓는다. 모 재벌그룹 회장은 재능과 능력을 앞세우며 '천재 1명이 10만 명을 먹여 살린다'는 천재경영론으로 화제가 되기도 했었다.

재능과 능력만이 각광받는 세상이다. 그런 재능과 능력의 종결자를 천재라고 하는데, 국어사전을 펼쳐보면 '선천적으로 타고난, 남보다 훨씬 뛰어난 재주 또는 그런 재능을 가진 사람'이라고 한다. 하지만 살면서 겪다 보면, 천재란 타고난 것만으로는 만들어질 수 없다는 걸 알게 된다. 세상의 천재란 타고난 것을 한결같음으로 계발한 사람들이었다. 한결같지 못하면 천재가 아니라 미치광이라고 불린다.

수년 전 방송 때문에 여러 기업의 인사 관리자를 만나 인터뷰를 했다. '재능을 보는가? 성실함을 보는가?'라고 질문했더니 멈칫거림 없이 '성실함'을 본다고 했다. 면접까지 온 실력이면 재능은 있다. 그러니 인물을 판단하는 것은 성실함이라고 했다. 모 재벌회장은 천재경영론을 말했지만 세상은 천재성보다 성실성에 더 후한 점수를 준다. 성실함이 재능이라고 했던 인사 관리자도 있었다. 그 이유가 『맹자』에 있다. 맹자는 성誠, 한결같음을 다음과 같이 말한다.

> 시작하는 조리는 지혜의 사건이고 마무리 짓는 조리는 성의 사건이다. 지혜라는 것은 비유하자면 기교라 말할 수 있고, 성이라는 것은 비유하자면 기력이라고 말할 수 있다. 지금 백 보 떨어진 곳에서 활을 쏜다고 해보자! 화살이 과녁이 있는 곳까지 힘차게 도달하는 것은 기력의 덕분이다. 그러나 과녁의 정중앙을 꿰뚫는 것은 기력의 덕분이 아니라 기교의 덕분이다. 그러니까 활을 쏘는 데는 반드시 기력과 기교가, 성과 지가 구비되지 않으면 안 된다.
>
> - 도올 김용옥 『맹자, 사람의 길』 5b-1. 만장 하 561p

일을 이루는 것은 기교와 기력의 조화이다. 어떤 아이디어를 가지고 프로젝트를 세우는 것을 지혜 혹은 기교라고 했다. 그 아이디어를 이루는 것은 성, 기력이다. 아무리 좋은 아이디어가 있어도 구체화될 때까지, 그 끝에 도달할 때까지 쉼 없이 밀어붙이는 한결같음이 없으면 이룰 수 없다.

한 사나이가 있다. 2005년 당시로서는 허황된 아이디어와 단돈 200달러를 가지고 회사를 세웠다. 20개월 후 대기업에 16억 5,000만 달러(약 2조 원)를 받고 회사를 팔았다. '20개월 2조 원 사나이'라고 불리는 유튜브 창업자 스티브 첸Steve Chen의 이야기다.

인생을 살면서 아무리 크고 중요한 결정도 그는 3일 안에 해치웠다고 했다. 대학교 자퇴를 결정하는 데 15분, 집 구입하는 데 하루, 결혼을 결심하는 데 3일이 걸렸다고 한다. 성실하기는커녕 성급하게만 보이는 그가 창업 후 세계에서 접속자가 가장 많은 사이트를 구축하고 유지했다. 백 명이 달라붙어서 해야 할 일을 단 4명이 매주 100시간 이상, 하루 14시간 일했다며 그 비결을 이렇게 말했다.

"탁월한 아이디어(brilliant idea)와 무식한 용기(outrageous courage)가 나를 이끌었다."

탁월한 아이디어, 그러니까 '기교'와 함께 무식한 용기 '기력'을 비결로 그런 기적을 만들어냈다는 말이다. 탁월한 아이디어, 기교는 이해가 된다. 그런데 무식한 용기, 기력은 어떻게 만들어지는 걸까. 원고가 뜻대로 써지지 않는다며 고민을 털어놓는 후배 작가들에게 선배 작가가 해주는 흔한 조언이 있다.

"그래도 모니터 앞에 앉아 계속 원고를 써라. 눈물이 날 때까지. 그럼 써질 것이다."

그게 어떻게 가능하냐며 눈 동그랗게 뜨고 묻는 후배에게는 이렇게 말해준다.

"모니터 앞에서 눈물 흘리며 궁상떠는 모습이 안타까워 신이 네게 문장을 줄 것이야."

방송작가가 아니어도, 창의적인 무언가를 만드는 어느 장르의 작가라

사람을 감동시키면 하늘이 감동하고
하늘이 감동하면 하고자 하는 일이 이루어진다.

도 수긍하는 조언이다.

대부분의 사람들은 단숨에 멀리 뛰려 한다. 날갯짓 한 번에 만 리를 가는 대붕을 흉내 낸다. 헛일이다. 허황된 꿈이다. 하지만 방법은 있다. 성誠, 한결같음이다. '한 걸음 또 한 걸음, 하루 또 하루, 한결같이 가는 것'이다. 시간과 스피드가 돈인 세상에 '무슨 귀신 씨나락 까먹는 소리야?'라는 말을 들을 법하다. 그러나 2,300년 전 만들어져 오늘날까지 이어져오는 『맹자』에 그 귀신 씨나락 까먹는 소리의 원형이 전해져오고 있다.

> 지성의 경지에 도달한 자로서 천하를 감동시키지 않은 자는 있어본 적이 없다. 성실치 못한 자는 인간세에 감동을 줄 길이 영원히 없다.
>
> - 도올 김용옥 『맹자, 사람의 길』. 4a-12. 이루 405p

'지성이면 감천이다.' 하늘을 감동시키면 하고자 하는 일이 이루어진다. 어떻게 하면 하늘을 감동시킬 것인가. 한결같아야 한다. 한결같기 위해서 무엇이 필요한가. 내가 먼저 감동하는 것이다. 감동하면, 그래서 마음이 움직이면 아무리 힘들어도 즐길 수 있다. 그렇게 즐길 수 있다면 한결같이 그 길을 계속 갈 수 있다. 무언가 계획을 세운다. 그 계획이 머리로만 세워지는 계획이어서는 안 된다. 가슴이 두근거리는, 생각만 해도 감동이 밀려오는 계획이어야 한다. 계획하는 일을 사랑해야 한다. 그렇게 된다면 어떤 상황에서도 그 일을 즐길 수 있다. 그렇지 않으면 한결같을 수 없고, 한결같을 수 없다면 시작할 필요 없다.

『논어』「옹야」 편에 나오는 말씀이다. '재능 있는 자는 노력하는 자를 따라올 수 없고 노력하는 자는 즐기는 자를 따라올 수 없다.'

무엇을 할 것인가 계획하는 모든 것이 소중하다. 그리고 하나 더 계획할 것이 있다. '어떻게 하면 계획한 것을 즐기며 해나갈 수 있을까?'에 관한 것이다.

始條理者，智之事也；終條理者，聖之事也.
시 조 리 자　지 지 사 야　종 조 리 자　성 지 사 야

智，譬則巧也；聖，譬則力也．由射於百步之外也，
지　비 즉 교 야　성　비 즉 역 야　유 사 어 백 보 지 외 야

其至，爾力也；其中，非爾力也.
기 지　이 력 야　기 중　비 이 력 야

시작하는 조리는 지혜의 사건이고 마무리 짓는 조리는 성의 사건이다. 지혜라는 것은 비유하자면 기교라 말할 수 있고, 성이라는 것은 비유하자면 기력이라고 말할 수 있다.

지금 백 보 떨어진 곳에서 활을 쏜다고 해보자! 화살이 과녁이 있는 곳까지 힘차게 도달하는 것은 기력의 덕분이다. 그러나 과녁의 정중앙을 꿰뚫는 것은 기력의 덕분이 아니라 기교의 덕분이다 . 그러니까 활을 쏘는 데는 반드시 기력과 기교가, 성과 지가 구비되지 않으면 안 된다.

至誠而不動者，未之有也；不誠，未有能動者也.
지 성 이 부 동 자　미 지 유 야　불 성　미 유 능 동 자 야

지성의 경지에 도달한 자로서 천하를 감동시키지 않은 자는 있어본 적이 없다. 성실치 못한 자는 인간세에 감동을 줄 길이 영원히 없다.

지혜를
쓰다

# 내가 바다를 우습게 보면

풍산개가 한 마리 있었다. 덩치 큰 녀석이 4살 꼬맹이한테 꼼짝 못 하고 도망 다니고 있었다. 사냥감을 보면 야수와 같은 용맹성을 드러낸다는 토종 사냥개인데 순해터졌다고 주인이 이름도 '순둥이'라고 지었다. 생김새와는 정말 딴판이었다.

지인들과 함께한 산악회 송년회 자리에서 지리산 종주를 하다 멧돼지를 만난 이야기를 들었다. 어둑해지던 좁은 능선 길을 헉헉거리며 오르다 잦은걸음으로 달려오는 멧돼지를 발견했다. 다들 기겁을 하고 뒷걸음치다 키 높은 바위를 발견하고 그 위로 도망쳤다. 그사이 오줌을 지린 동행도 있었다고 했다. 바위에 올라 정신을 차리고 자세히 보니 큰 개도 아니고, 큰 강아지만 한 멧돼지였다고 한다. 그러면서 산에서 빈손으로 만난 작은 멧돼지에게서 맹수의 위세를 느꼈다고 했다. 다들 낄낄거리며 웃었지만, 그 일을 당했던 몇 명은 고개를 내저으며 진저리를 쳤다.

'과학의 목표는 사물 자체가 아니라, 그들 사이의 관계다.' 카오스 이론의 기초를 만든 프랑스 과학자 앙리 푸앵카레Henri Poincare의 말이다. 그런데 어디 과학만 그럴까. 살아가는 것도 그렇다. 풍산개든 어린 멧돼지든 그것이 어떻게 생겼고 얼마만 하며 어떤 힘을 가지고 있더라도 그에 대한 평가는 그것 자체에 의한 것이 아니다. 그것이 우리에게 어떻게 다가오느냐, 우리가 어떻게 받아들이느냐, 어떻게 서로 관계하느냐에 따라 다르게 평가된다. 살아가며 알고 배우게 되는 '인간' 또한 그렇다. 어떻게 관계를 맺느냐에 따라 전혀 다르게 다가온다.

맹자 말씀에, 천하의 인간 관계는 다섯 가지밖에 없다고 했다. '오륜五倫'이라고도 부르는 그 관계의 첫 번째는 '부부' 관계다. '남녀' 관계를 말한다. 영화 〈블랙골드〉의 "남녀는 같이 있을 때가 전부지요. 혼자서는 아무 것도 아니에요"라는 명대사가 모든 남녀 관계를 상징한다. 남녀가 만나 새로운 세상을 창조하는 것이다. 그리고 그런 작은 세상들이 모여 천하가 만들어지는 것이니 제일 중요한 관계일 수밖에 없다.

다음은 '부자', '부모자식' 관계다. 인간 관계 중 떼어놓을 수 없는 관계다. 그 누구를 자신처럼 아니 자신 이상으로 사랑하고 아끼는 관계다. 가장 아름다운 관계다.

다음으로 '군신' 관계가 있다. 군주와 신하의 관계는 녹을 주고받는 것으로 시작된다. 돈을 주고받으며 맺는 '갑을'의 계약 관계와 다르지 않다. 이어서 '형제' 관계다. 애증의 관계지만 '피는 물보다 진하다'는 관계다.

오륜의 마지막은 '친구' 관계다. 가족을 벗어난 관계에서 가장 아름다운 관계다. 부부 관계보다 더 깊을 수도 있다. 그러나 등 돌리면 원수가 되는 관계이기도 하다. 살아가면서 타인과 맺는 관계는 이 다섯 가지를 벗어나지 않는다.

오륜의 이 다섯 가지 관계 중 가장 힘든 관계로 군신, '갑을' 관계를 꼽는다. 무언가를 이루기 위해서 혹은 먹고 살기 위해서 대부분 '을'의 입장이 되어 살아갈 수밖에 없다. 그런데 문제는 '갑'의 입장에 서면 '군신' 관계의 군주가 된 듯 그 알량한 힘을 멋대로 마음대로 휘두른다. '을'의 입장에 서면 '신하'로서 '갑'을 왕으로 모시고 충성을 맹세해야 하는 것은 기본이다. 죽으라면 죽는 시늉이 아니라 죽을 수밖에 없는 상황이다. 피도 눈물도 없는 그 치열했던 전국시대를 헤쳐나간 맹자다. 그런데 오늘의 '갑을' 관계를 봤다면 어떤 반응을 보일까. 전국시대의 군신 관계는 양반이라고 했을 법하다. 『맹자』 「이루 하」 편의 구절이다.

> 군주가 신하 보기를 자기가 기르는 개나 말 정도로 여긴다면, 신하 또한 군주 보기를 성내를 걸어 다니는 보통 사람의 하나로 여길 것입니다. 군주가 신하 보기를 토개처럼 여긴다면, 신하 또한 군주 보기를 죽여야 할 원수나 적수로 여길 겁니다.
>
> \- 도올 김용옥 『맹자, 사람의 길』 4b-3. 이루 하 454p

천하의 '갑'들이 착각하는 것이 있다. '갑'이라는 위상은 '갑'이라는 이름이 붙었다고 만들어지지 않는다. 계약서의 '갑'이 '갑'의 위상을 보장할 수 없다. '갑'이라는 이름을 가지고 맺는 관계가 그 위상을 만든다. "군주가 신하 보기를 흙이나 쓰레기처럼 하잘 것 없는 것으로 여긴다면, 신하 또한 군주 보기를 죽여야 할 원수나 적으로 여긴다"는 맹자의 말은 과하지 않다. 이것이 시대를 불문한 관계의 상식이다.

그렇다면 그와 반대로 '을'이 '갑'을 원수나 적처럼 여기게 하지 않고 진정한 갑으로 여길 관계의 상식은 무엇이 있을까. 사마천의 『사기』 중 「자객열전」에 기록돼 후세에 두고두고 '갑을' 관계의 표상으로 꼽혀온 자객 예양豫讓의 이야기가 있다.

예양은 진나라 사람이다. 이곳저곳 떠돌아다니다 지백智伯을 섬기게 되었다. 지백은 예양을 극진한 예를 갖추어 대하며 총애했다. 그러던 중 지백은 조양자趙襄子를 정벌하려고 준비를 했다. 그걸 알아차린 조양자는 한과 위나라를 끌어들여 지백을 공격했다. 그리고 지백은 물론 후손마저 모두 죽인 뒤, 땅을 셋으로 나누어 가졌다. 분이 안 풀린 조양자는 지백의 두개골을 옻칠하여 큰 술잔으로 사용했다.

위기를 피해 달아났던 예양은 성과 이름을 바꾸고 죄수가 되어서 조양자의 궁궐로 들어갔다. 지백의 원수를 갚기 위해서다. 그는 화장실의 벽 바르는 일을 했다. 몸에 비수를 품고 있다가 기회를 보아 조양자를 찔러 죽일 계획이었다. 그런데 마침 화장실에 가려던 조양자가 심장이 떨리며 이상한 느낌을 받았다. 그래서 화장실 수색을 시켰다. 벽을 바르던 죄수가 있어서 잡아다 조사를 했더니 가슴에서 비수가 나왔다. 사로잡힌 그 죄수는 예양이었다.

"지백을 위해서 원수를 갚으려고 하였소."

측근들이 목을 베려고 하자 조양자가 말리며 말했다.

"그는 의로운 사람이다. 내가 조심하여 피하면 그뿐이다. 더구나 지백이 죽고 그 뒤를 이을 자식조차 없는데, 옛 신하된 자로서 주인을 위해 원수를 갚으려 했으니, 이 사람이야말로 천하의 현인이다."

그러고는 예양을 풀어주어 떠나게 했다.

딱딱한 역사 기록이 아니라 마치 옆에서 본 듯 자세하게 묘사해 쓴 것이 흥미진진한 소설 같다. 여하튼 이후 이어지는 예양의 암살 시도와 그를 용서하는 조양자의 또 다른 감동적인 이야기는 생략하고, 조양자를 암살할 생각을 하며 예양이 했다는 그 유명한 독백을, 사마천은 『사기』에 이렇게 기록했다.

"아! 선비는 자신을 알아주는 사람을 위해서 죽고 여자는 자기를 사랑하는 사람을 위해 얼굴을 단장한다고 했다. 이제 지백이 나를 알아주었으니, 내 기필코 원수를 갚은 뒤에 죽을 것이다. 이렇게 지백에게 은혜를 갚는다면, 내 영혼이 부끄럽지 않을 것이다."

예양의 독백은 '군신', '갑을' 관계를 넘어서 '사람과의 관계'가 어떠해야 하는지 가르쳐주는 지표다. 계약이 아니라 은혜로 이어진 관계다. '고맙게 베풀어주는 신세나 혜택'인 은혜가 인간 관계의 핵심이다.

주변에 예양과 같은 인물이 있다면 얼마나 행복할까, 저런 인물을 어떻게 하면 얻을 수 있을까 하며 부러워하는 사장, 상사, 고참, 선배 등 '갑'이 있다면 『논어』의 다음 구절을 음미해보자. 예양이 말한 '자신을 알아준다'는 의미가 어떤 것인지 알려주는 구절이다.

己欲立而立人, 己欲達而達人.
기 욕 입 이 입 인　기 욕 달 이 달 인

자기가 서고자 하면 남도 서게 하며, 자기가 달성코자 하면 남도 달성케 해준다.

- 도올 『논어 한글역주』 2권. 옹야 28장 519p

인간은 홀로 설 수 없다. 그 누군가의 도움이 있어 설 수 있었다. 홀로 이룰 수 없다. 누군가가 도움을 주어 이룰 수 있었다. 서고자 이루고자 하면 다른 누구와 관계를 맺어야 한다. 그 관계는 '갑'과 '을'의 관계가 아니다. 상대에게 내 것을 먼저 내주고, 상대를 먼저 도와줄 때 비로소 만들어진다. 그에게 도움을 베풀면 그도 내게 도움을 베푼다. 그를 서게 하면 그도 나를 서게 도와준다. 그를 달성케 하면 그도 내가 달성케 도와준다. 사람만이 아니다. 천하의 이치다. 모든 것이 그렇다. 내가 베푼 만큼 내게 베푼다.

내가 바다를 우습게 보면,
그 순간 바다도 나를 우습게 본다.
세상 모든 관계가 그렇다.

십여 년 전에 겨울 경포대 바닷가를 찾은 적이 있다. 주말 자정 가까운 시간, 폭죽을 터뜨리며 웃고 떠드는 소리로 요란한 백사장에 맥주 한 캔을 들고 내려갔다. 다진 듯 매끈한 모래를 피해 그 위쪽에 자리를 잡았다. 오랜 스쿠버 다이빙을 한 경험으로, 매끈한 모래와 성긴 모래의 경계는 큰 너울이 덮쳤던 표식이다. 캔을 따서 한 모금 홀짝거리고 있는데, 20대 초반의 남녀가 폭죽을 사들고 바다 쪽으로 내려가 자리를 잡는다. 문득 걱정이 돼 '그 자리는 파도가 들이칠 수도 있으니, 위쪽으로 올라오는 게 어떠냐'고 했다. 두 남녀는 '파도가 저 아래서 치는데 무슨 소리냐'며 별 걱정 다한다는 반응을 보였다.

'그게 아닌데'라는 생각이 들었지만 괜한 참견 같아 입 다물고 캔 맥주를 벌컥 들이켰다. 순간 여자의 비명소리가 들렸다. 폭죽에 불을 붙이며 깔깔대던 그 연인들에게 큰 너울이 덮친 것이다. 추운 겨울 밤 난데없는 물벼락에 여자의 울음소리가 이어졌다. 그야말로 물에 빠진 생쥐 같은 모습의 남녀는 내 눈길을 피해 고개를 푹 숙이고 서둘러 백사장을 빠져나갔다. 그때 수도 없이 바다를 기웃거리며 느낀 것이 한 문장으로 정리됐다.

'내가 바다를 우습게 보면, 그 순간 바다도 나를 우습게 본다.'

어디 바다뿐이랴. 세상 모든 관계가 그렇다.

君之視臣如犬馬，則臣視君如國人;
군 지 시 신 여 견 마 즉 신 시 군 여 국 인

君之視臣如土芥，則臣視君如寇讐.
군 지 시 신 여 토 개 즉 신 시 군 여 구 수

군주가 신하 보기를 자기가 기르는 개나 말 정도로 여긴다면, 신하 또한 군주 보기를 성내를 걸어 다니는 보통 사람의 하나로 여길 것입니다.

군주가 신하 보기를 토개처럼 여긴다면, 신하 또한 군주 보기를 죽여야 할 원수나 적수로 여길 겁니다.

지혜를
쓰다

# 욕심으로 망한다

포커의 월드 시리즈쯤 되는 WSOP대회에서 세계 챔피언을 차지했던 라스베이거스 갬블러 캐빈 송은 초등학교 동창이다. 3년 전 귀국하면서 연락이 왔다. 포커에 관한 책을 내려는데 아는 출판사도 없고, 원고 정리도 힘들다며 앓는 소리를 했다. 그냥 지나칠 수 없어 가끔 만나며 성의껏 도와줬다. 그러던 중에 지나가는 소리로 한마디 했다. "일반인이 라스베이거스 가서 돈 따는 법은 없는 거니?" 곤혹한 표정을 지으며 잠시 뜸을 들이더니, "필살기 중의 필살기를 가르쳐주겠다. 대신 여기저기 소문은 내지 말라"고 했다.

카지노의 가장 큰 판은 '바카라'라고 했다. 어려서 즐겨 놀던 '홀짝'처럼 '플레이어'와 '뱅커' 둘 중 하나에 걸면 된다. 두 장의 카드를 더한 수의

끝자리가 9에 가까운 쪽이 이기는 게임이다. '먼저 앞에 칩 잔뜩 쌓아두고 계속 잃는 사람을 찾으라'며 공개한 프로 갬블러의 필살기다.

"잃는 것을 계속 지켜봐. 그러다 그 사람이 자신의 칩을 모두 거는 순간이 올 거야. 그때 돈을 걸어. 그 반대쪽에."

40대 재벌그룹에서 지금까지 형제간 경영권 분쟁이 일어난 곳은 모두 17개라고 했다. 형제간 상속재산이나 경영권을 둘러싼 싸움이 가장 많단다. 국내 1위 재벌그룹인 삼성그룹 총수 일가도 상속재산을 놓고 형제간에 소송전이 불거졌다. 형제간인 롯데그룹 회장과 농심그룹 회장은 라면사업을 놓고 갈등을 겪었다. 한라그룹은 형이 막내를 사문서 위조 등으로 고소하면서 분쟁이 불거졌다. 태광그룹은 남매간 상속 분쟁을 겪고 있고, 효성그룹은 2세들의 재산 분쟁이 불거졌다.

9시 뉴스를 도배하는 사건과 사고에서 '보다 많은 돈, 보다 더한 이익, 보다 과한 욕심'을 본다. 세상이 도박장이 돼간다. 투기로 돈을 벌고 세금 포탈하고 자식 교육을 위해서라며 위장 전입을 불사한 사람들이 정치판에서 활개치고, 고위 공직자로 올라선다. 부자 배불리는 정책을 우선하여 펴면서도, 가난한 국민들에게는 허리띠 계속 졸라매고 고통 분담을 하란다. 욕심이 세상을 흔들어대고 있다. 욕심을 부추기고 있다.

『맹자』를 펴면 첫 번째로 나오는 '어찌하여 (양혜왕 당신조차도) 이를 말하는가! 하필왈리何必曰利'의 탄식이 무색해지는 시대다. 이익이 모든 행위의 옳고 그름을 판정하는 기준이다. 이익 없는 짓을 하는 건 죄악인 세상이 된 듯하다.

문명은 인간의 욕심이 키워왔다. 욕심의 방향이 바를 때, 문명은 진보했다. 그러나 방향이 바르더라도 그 욕심이 과하면 여지없이 재앙을 불러왔다. 로마가 망한 것도 수나라 당나라가 망한 것도 주체할 수 없는 제국의 욕심 때문이다. 순결한 애국심의 혁명가가 독재자로 변신하여 결국 망하게 되는 이유도 욕심 때문이다.

주변으로 눈을 돌려봐도 마찬가지다. '주먹으로 흥한 자, 주먹으로 망한다'는 속담은 주먹질에 관한 말이 아니다. 욕심에 관한 말이다. 잘나가다 망한 기업들이 있다. 한 꺼풀만 들춰내면 알게 된다. 욕심 때문에 망했다. 잘나가던 친지가 망했다는 소식을 전해 듣는다면, 이어지는 뒷담화는 듣지 않아도 된다. 열에 아홉은 욕심 부리다 망했다는 얘길 테니까.

씨앗이 홀로 싹트고 가지를 펼치고 꽃 피우고 열매 맺을 수 없듯, 인간 또한 혼자 자라고 혼자 해내고 혼자 이룰 수 있는 일은 없다. 사람은 사람을 떠나서는 어떤 이상도 일도 추구할 수 없다. '산다는 것은 사람과 만나고 관계하고 소통하는 것이 전부'라고 해도 과한 말이 아니다. 그런데 그 관계와 소통이 깨진다. 욕심 때문이다.

『맹자』를 자주 인용하는 중국 시진핑 주석은 "유방劉邦 유수劉秀 유비劉備 송강宋江과 같이 특출한 재능과 지략은 없으나 사람을 엮는 데 탁월했던 인화단결형의 인물을 좋아한다"고 했다. 유방은 전한前漢을, 유수는 후한後漢을, 유비는 촉한蜀漢을, 송강은 양산박梁山泊을 세운 인물이다.

"유방 유수 유비, 삼유는 큰 특징이 있습니다. 개인적으로 재능이 뛰어나지 않았고, 사람들에게 무능하다는 인상까지 주었습니다. 송강을 보십시오. 그를 멋지게 묘사하기는 매우 어렵습니다. 그런 그들이 어떻게 사람들의 추대를 받을 수 있었을까요? 지극한 정과 믿음으로 사람들과 소통했습니다. 이것이 그들이 가진 큰 재주입니다."

특별히 내세울 능력이 없어 무능해 보이기까지 한 인물들이었지만, 지극한 정과 믿음으로 소통하며 관계를 맺은 사람들의 힘을 빌어 천하통일이라는 큰 위업을 달성한 것이라고 했다.

시진핑 주석이 말한 '지극한 정과 믿음'은 어디에서 나오는 것일까. 유방과 항우의 『초한지楚漢志』 유비의 『삼국지三國志』 송강의 『수호지水滸誌』를 읽어보자. 저들은 '무지렁이'라 불릴 정도로 세상 물정 모르고 사는 사람들이었다. 아는 것이 있다면, 나보다 상대의 입장을 먼저 생각한다는 것과 욕심을 지나치게 내는 과욕過慾이 아니라 욕심을 줄이는 과욕寡慾을 실천했던 사람들이다.

사람은 욕심이 없을 수가 없다. 배가 고프면 먹을 것을 찾는다. 부모가 자식 사랑하는 마음을 누가 뭐라고 하겠는가. 그런데 '남이야 굶든 말든 내 배만 채우면 된다', '남의 자식이야 어떻든 내 자식만 잘되면 된다'며 개인적인 집착이나 나만을 생각하는 마음에 빠진다. 도를 넘어서, 분수에 넘치게 탐하거나 누리고 욕심을 낸다. 그 욕심이 어찌나 과한지, 남을 배려하고 챙기는 것을 죄악으로 생각하는 사람들도 있다.

모두 7장, 상하 14편으로 쓰여진 『맹자』는 전편에 걸쳐 '사람의 길'을 말하고 있다. 그 길을 걷기 위해서는 사람으로서 갖추어야 할 '인의'의 마음이 중요하고, 그러한 마음을 닦는 데는 욕심 줄이기, 과욕寡慾보다 좋은 것이 없다고 했다.

> 사람의 마음을 기르는 데는 과욕寡慾보다 더 좋은 것은 없다. 그 사람됨이 과욕寡慾하면, 비록 본래의 마음을 보존치 못하는 상황이 있더라도 그것은 잠깐에 그치고 만다. 그 사람됨이 다욕多欲하면, 비록 본래의 마음을 잘 보존하는 상황이 있더라도 그것은 잠깐에 그치고 만다.
>
> - 도올 김용옥 『맹자, 사람의 길』 7b-35. 진심 하 840p

풀어 말하면 이렇다. '마음을 기르는 방법으로는 욕심을 적게 하는 것보다 더 좋은 것은 없다. 욕심을 적게 하면, 욕심을 내게 되더라도 그것을 바로잡아 과욕하지는 않게 된다. 그러나 욕심내버릇하면 욕심을 내었을 때 그것이 걷잡을 수 없게 된다.'

불가에서는 '일체개고一切皆苦', 산다는 것은 고통이라고 한다. 그 고통의 뿌리는 애착심, 욕심이라고 했다. 고통에서 벗어나는 방법으로 '무소유'를 말하며, '아무것도 갖지 않는다는 것이 아니라 불필요한 것을 갖지 않는다'라고 했다. 욕심을 줄이라는 말씀이다. 맹자 시대는 중국에 불교가 전해지지 않았던 시기다. 맹자는 붓다와 똑같은 삶의 지혜를 말하고 있다.

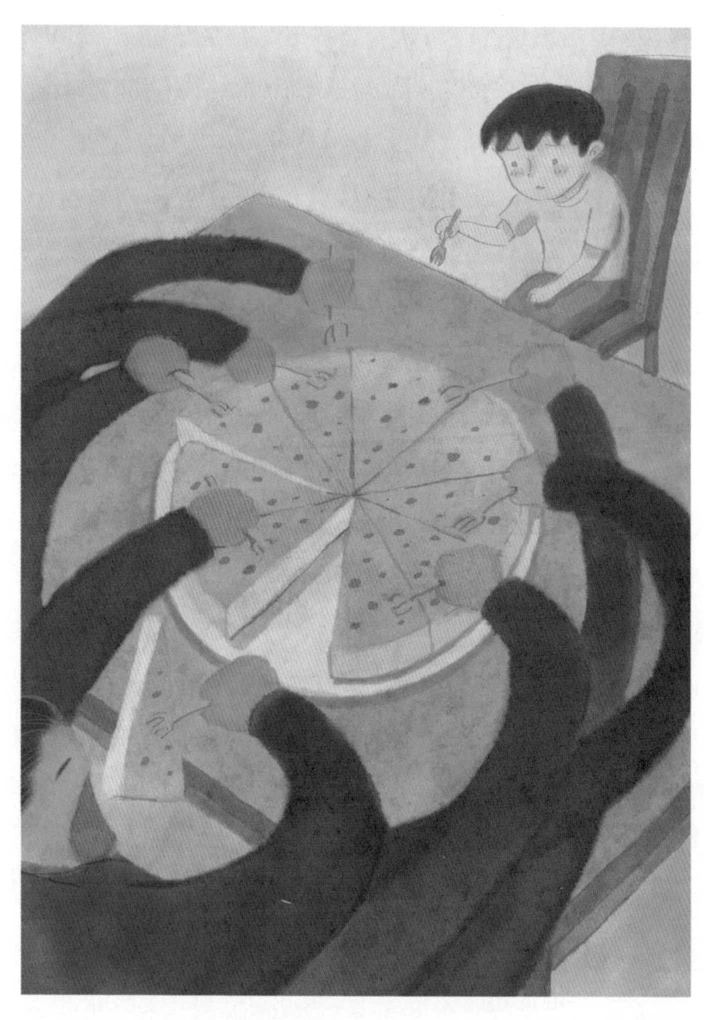

마음을 닦는 데는 욕심 줄이기보다
좋은 것이 없다.

「진심盡心」 편은 맹자의 말년 사상을 정리한 깊은 내용을 담고 있다. 맹자는 '측은지심과 수오지심이 없다면 인간이 아니다'라고 했다. 측은지심은 '남을 배려하고 위하는 마음의 시작'이고, 수오지심은 '부끄러움과 수치심을 느끼는 마음'의 시작이다. 그리고 그런 마음은 '삼유'처럼 욕심 없음, 욕심 줄이기에서 시작된다고 했다. 욕심에 가득 차 있으면 남을 배려하고 위하거나, 부끄러움과 수치심을 느끼게 하는 것을 바로잡으려는 용기 또한 낼 수 없기 때문이다.

자칭 협객이라 부르는 '밤거리 주먹'을 몇 명 알고 있는 친지가 있다. 주먹들 얘기만 나오면 '그들도 알고 보면 순진하고 순수하다'고 한다. 순진하고 순수한 것을 따진다면 개나 고양이, 금수가 더하다. 인간답다는 것은 순수하고 순진한 데 있는 것이 아니다. 먼저 남을 배려하고 스스로 부끄러움과 수치심을 느끼는 데 있다. 주먹이라 불리는 자들의 대부분은 자신과 조직의 이익만을 앞세우며 살아가는 무리들이다. 이익이 있다면 가리는 것 없이, 모든 것을 불사한다. 탐욕스럽다. 그 탐욕 때문에 남을 배려하거나 스스로 수치심을 느끼지 못한다. 수치심을 모르기에 차마 해서는 안 되는 짓들, 금수 이하의 짓거리조차 서슴지 않는다.

캐빈 송이 필살기라며 '그 반대쪽에'라고 말하는 순간, 그 말이 이해가 되지 않았다. 그렇게 잃던 사람이 '올인'하면 당연히 그쪽에 따라 걸어야 하는 거 아닌가? 절대로 아니란다. 자기 뜻대로 풀리지 않는 게임에 욕심을 내는 순간이 가장 확실하게 망하는 순간이란다. 그러니 반대편에 걸면 무조건 이길 거라고 했다. 사실 프로 갬블러의 숨겨진 필살기가 아니다. 세상 조금 살다 보면 누구나 깨우치는 지혜다.

욕심내는 것은, 보다 더 큰 이득을 보겠다고 하는 것이다. 손해 보려고 욕심내는 사람은 없다. 그런데 주위를 둘러보자. 욕심내서 더 큰 이득을 본 사람이 많은가? 손해 보는 사람이 많은가? 다 욕심 때문에 망가지고 망해간다.

養心莫善於寡慾. 其爲人也寡欲, 雖有不存焉者,
양 심 막 선 어 과 욕 기 위 인 야 과 욕 수 유 부 존 언 자

寡矣; 其爲人也多欲, 雖有存焉者, 寡矣.
과 의 기 위 인 야 다 욕 수 유 존 언 자 과 의

사람의 마음을 기르는 데는 과욕寡慾보다 더 좋은 것은 없다. 그 사람됨이 과욕寡慾하면, 비록 본래의 마음을 보존치 못하는 상황이 있더라도 그것은 잠깐에 그치고 만다. 그 사람됨이 다욕多欲하면, 비록 본래의 마음을 잘 보존하는 상황이 있더라도 그것은 잠깐에 그치고 만다.

지혜를
쓰다

# 세상에 정해진 것은 없다

'영화배우 피터 오툴이 런던의 웰링턴 병원에서 81세를 일기로 타계.'

몇 줄 되지 않는 기사가 가슴에 아릿한 파문을 일으켰다. 피터 오툴이 주연한 〈아라비아의 로렌스〉라는 영화가 있다. 아카데미 최우수작품상, 초호화 캐스팅, 〈콰이강의 다리〉로 유명한 데이비드 린 감독의 작품 등 화려한 수식어가 따라붙는다. 미국 영화연구소가 100대 영화를 선정했는데, 〈대부〉, 〈바람과 함께 사라지다〉, 〈쉰들러 리스트〉 등과 같이 최상급의 영화로 선정됐다. 그런데 개인적으로 〈아라비아의 로렌스〉가 각별하게 기억되는 까닭은 따로 있다. 한 줄 대사 때문이다.

제1차 세계대전, 수에즈 운하를 둘러싸고 영국과 터키가 대치하고 있었다. 영국은 아랍의 참전과 지원을 얻어내기 위해 카이로에 근무하던 정보국 소속의 로렌스 중위(피터 오툴)를 아랍에 파견한다. 아랍 부족 지도자인 파이샬 왕자(알렉 기네스)를 만난 로렌스 중위는 터키가 점령한 수에즈 운하의 요새 아카바를 되찾아야 한다고 제안한다. 그런데 아카바를 점령하기 위해서는 아무도 건넌 적이 없다는 신이 내린 죄악의 땅, 네퓨드 사막을 건너야 했다. 다들 불가능하다, 건널 수 없다며 머뭇거렸다. 그러는 그들에게 로렌스는 이렇게 말했다.

"정해진 것은 없다."

이 한마디에 망설이던 아랍 부족장 알리(오마 샤리프)는 로렌스와 함께 지옥의 네퓨드 사막을 건너 아카바 함락에 성공했다. 사막을 사랑했던 로렌스가 밝게 웃으며 진심을 다해 부족장 알리에게 말했던 그 한 줄의 대사가 최근 한 여성의 살아온 이야기를 통해 또 다시 내 가슴속으로 파고 들어왔다.

그녀는 대학 불문학과를 졸업했다. 졸업 후 임시직원으로 일하면서 틈틈이 글을 썼다. 하지만 어머니가 돌아가시고 직장까지 잃게 되어 학원 강사로 일하게 됐다. 그러던 중 한 기자를 만나 결혼했다. 이 여성의 앞날은 어떻게 될까? 대부분의 꿈처럼 단란한 가정을 꾸미고 행복하게 살까? 그런데 정해진 것은 없다.

결혼을 해 딸을 출산하였지만 기자인 남편과의 불화로 3년 만에 이혼했다. 생후 4개월 된 딸을 키워야 하는데, 일자리를 잃어 기초생활보조금으로 연명했다. 생활고에 시달리며 우울증으로 자살도 생각했다. 어린 딸 때문에 병은 이겨냈지만 고된 삶이었다. 이 여성의 앞날은 어떻게 될까? 이미 물질로 계급화된 세상, 힘들게 살 수밖에 없을 것이라고? 글쎄, 정해진 것은 없다.

글과 관련된 경력이라고는 어려서 동생을 위해 쓴 이야기와 틈틈이 한 습작 외에는 없었지만 동화를 쓰기로 결심했다. 3년여 간, 집에 냉난방할 돈이 없어 카페를 떠돌며 집필했다. 1996년 첫 소설을 완성했다. 완성한 원고를 들고 출판사를 돌아다녔지만 모두 퇴짜를 당했다. 한 출판기획자를 만나 출판사와 겨우 계약할 수 있었다. 어디서고 인정받은 적이 없던 무명의 그녀는 작가로 성공할 수 있을까? 지독한 가난을 떨칠 베스트셀러 작가가 될 수 있을까? 정해진 것은 없다.

그녀 이름은 조앤 롤링Joan K. Rowling이다. 〈해리 포터〉 시리즈의 작가로 현재까지 67개국 언어로 번역되어 총 4억 5,000만 부가 팔린 출판 사상 유례 없는 베스트셀러 작가다. 가난을 떨쳐버리는 정도가 아니다. 2004년 미국 〈포브스〉지가 선정한 '세계 최고 부자' 리스트에 등장했다. 재산은 47억 달러, 우리 돈으로 5조 원이 넘는다.

'정해진 것은 없다'며 세계적인 작가 조앤 롤링을 예로 든 것이 거창해 보이기는 하지만 그녀의 대단한 삶이나 평범한 우리의 삶은 동떨어져 있지 않다. 누구도 한 치 앞을 내다볼 수 없다. 삶의 마디마다 선택해야 하는 상황이 펼쳐지고, 그때마다 선택을 하며 살아간다. 그녀가 그때 사랑을 선택하지 않았다면, 기자와 결혼해 딸을 낳고 이혼을 선택하지 않았다면, 그 어려운 생활고에도 돈하고는 관계가 먼 글쓰기를 선택하지 않았다면… 그녀는 없었다.

우리도 마찬가지다. 그때 화를 낼 것이 아니라 참았다면, 그때 포기할 것이 아니라 이를 악물고 계속했었다면, 그때 주변의 이목과 상관없이 하고 싶었던 것을 선택했다면… 지난 일을 돌이키면서 고개를 내저으며 가슴을 치고 탄식한다. 듣지 않아도 왜 탄식하는지 알 수 있다. 살면서 비싼 대가를 치르고서야 알게 된다.

'잘되면 내 탓, 안 되면 남의 탓'이라는 속담이 있다. 잘되면 자신 탓 맞다. 그러나 안 되면 남의 탓을 할 것이 아니라 선택 탓을 하는 것이 옳다. 살아가면서 닥치는 상황들에 정해진 것은 없다. 그때그때 선택해야 한다. 입에 자주 오르내리는 경구 중 장 폴 사르트르의 '인생은 B와 D사이의 C다'라는 말이 있다. B는 태어남(Birth), D는 죽음(Death), C는 선택(Choice)을 말한다. 인생이란 선택이라며 "종이칼은 이미 그 기능과 목적 본질이 정해져 있어 그에 따라 생산된다. 그러나 인간에게 절대적으로 주어진 그런 것은 없다. 그러기에 내가 그러한 기능, 목적, 본질을 선택해가야 한다"고 했다.

선택하자, 선택한다, 선택했다, 말은 쉽다. 하지만 그 기로에 놓여본 경험이 있다면 얼마나 힘들고 어려운 일인지 안다. 작은 선택이라도 후에 얼마나 큰 다른 결과를 몰고올지도 안다. '순간의 선택이 10년을 좌우한다'는 광고 카피도 있다. 인생의 경우는 평생을 갈 수도 있다. '순간의 선택이 평생을 간다'는 말이다. 여하튼 지금까지 늘 중요하고 어려운 선택

배움이란 따라하는 것,
흉내 내는 것에서 시작이다.

을 해왔고 앞으로도 수없이 해나가야 한다.

그런데 어떻게 하는 것이 옳은 선택인지는 알지 못한다. 사르트르는 선택하라고만 부추겼지, 어떻게 선택해야 할지에 대해서는 별 말이 없다. 무책임하게도 우리 몫으로 넘겨버렸다. 하지만 맹자는 이미 2,300년 전, 인간이라면 삶의 마디마디에서 어떻게 선택해야 할지를 밝혔다.

> 그대가 요의 옷을 입고, 요의 말을 하고, 요의 행동을 한다면 그대는 곧 요가 될 것입니다. 그대가 걸의 옷을 입고, 걸의 말을 하고, 걸의 행동을 행하면 그대는 곧 걸이 되는 것입니다.
>
> - 도올 김용옥 『맹자, 사람의 길』 6b-2. 고자 하 659p

'요堯'는 천하의 성군이요, '걸桀'은 천하의 폭군이다. '옷'이 의미하는 바에 대해서 말이 많지만 직업, 직위로 이해하면 될 듯하다. 지금도 입고 다니는 옷으로 직업이나 직위를 상징하는 경우가 많다. 말은 내면을 의미한다. 행동은 움직임, 자세, 태도다. 그의 마음 씀씀이와 그에 따른 행동을 따라하면 그렇게 될 수 있다는 것이다.

두산그룹 박용만 회장이 신문 인터뷰에서 한 말이 떠오른다.

"개처럼 벌면 그냥 개다."

'개처럼 벌어서 정승처럼 쓰라'는 속담이 있다. '개처럼 벌라'가 아니라 '정승처럼 쓰라'에 방점이 찍힌 속담이다. 벌어보면 안다. 벌고 쓰는 일은 나누어지는 둘이 아니다. 벌려면 써야 하고, 쓰려면 벌어야 하니 말이다. 여하튼 개처럼 벌면 개 맞다. 개 흉내 내면, 개 아니고 뭐겠는가.

방송작가로 일한 까닭에 음악성 있는 가수, 가창력 빼어난 가수, 국민 가수들을 제법 알고 있다. 그들의 공통점은 모창 실력이 뛰어나다는 점이다. 왜 그럴까? 노래를 배우기 위해 선배 가수들의 노래를 똑같이 흉내 내면서 수도 없이 불렀기 때문이다. 흉내 내면서 노래하는 법을 배웠고 그렇게 배우면서 자신의 창법을 만들 수 있었다고 한다.

내 판단, 내 방식, 내 결정이 중요하다. 그러나 더 중요한 것은 바른 판단, 바른 방식, 바른 결정이다. 늘 그런 선택의 기로에 선다. 그런데 정해진 것은 없다. 어떻게 할 것인가? 앞서서 그 길을 걸은 사람들의 발자취를 좇아보는 것은 어떨까. 성공한 사람들의 삶의 방식을 따라해보는 것은 어떨까? 누구를 따라한다고 세금 더 내라고 하지 않는다. 수업료 그런 거 없다. 그 대상이 셀수록 좋다고 하니 센 고인들을 따라해보는 것도 좋겠다. 세도 정말 센 공자나 맹자, 노자나 장자의 길을 따라 걸어보는 것이다.

알지 못하니 배워야 한다. 배움이란 따라하는 것, 흉내 내는 것에서 시작이다. 그렇게 하다 보면 비로소 내 판단, 내 방식, 내 결정이 만들어진다. 똑같은 글쓰기 교본에 쓰며 배운 글씨가 제각각이듯, 교본의 글씨를 더 충실히 흉내 내다 보면 더 좋은 글씨체를 갖게 되지 않을까?

子服堯之服，誦堯之言，行堯之行，是堯而已矣；
자 복 요 지 복　송 요 지 언　행 요 지 행　시 요 이 이 의

子服桀之服，誦桀之言，行桀之行，是桀而已矣.
자 복 걸 지 복　송 걸 지 언　행 걸 지 행　시 걸 이 이 의

그대가 요의 옷을 입고, 요의 말을 하고, 요의 행동을 한다면 그대는 곧 요가 될 것입니다.
그대가 걸의 옷을 입고, 길의 말을 하고, 걸의 행동을 행하면 그대는 곧 걸이 되는 것입니다.

# 매사에 감동하라

'출근길, 몇 계단만 뛰어 내려갔어도 지하철을 놓치지 않았다. 그랬다면 지각하지도 않았고, 부장한테 잔소리 들을 일도 없었다. 그래서 열 받아 거래처에 전화했다가 계약 한 건 말아먹는 일도 없었을 것이다.'

살면서 이와 비슷한 경험은 누구에게나 있다.

몇 년 전 외신으로 소개된 실화다. 신혼여행을 떠나는 신랑 신부가 서로 늑장을 부렸다. 과속 스티커를 각오하고 공항으로 차를 몰았지만 비행기를 놓쳤다. 돌아가는 차 안에서 서로 언성을 높이고 싸우다가 뉴스를 들었는데 놓쳤던 그 비행기가 이륙 중 추락했다는 속보였다.

뜻대로 되는 일이 없는 세상이다. 예측불가의 제멋대로인 세상이다. 역사에 기록될 만한 위대한 발명이나 발견의 뒷얘기를 들어보면 황당한 것이 많다. 우연이나 실수가 결정적인 계기가 된 경우가 부지기수다. 콧물을 시험관에 빠뜨려 페니실린을 발견한 플레밍, 손가락을 다쳐 바른 소독약이 글리세린에 떨어져 무연화약을 발명하게 된 노벨, 심장병 약의 부작용으로 탄생한 비아그라 등 세속적인 표현으로 '얻어걸린 것'들이 많다. 오죽했으면 『맹자』에도 '유불우지예 유구전지훼有不虞之譽 有求全之毁'라고, 자주 인용되는 말이 있다.

> 사람이 살다 보면 별일도 하지 않았는데 예기치 않은 명예를 얻을 수도 있고, 나 나름대로는 최선을 다하여 온전히 사업을 수행하였는데도 가혹한 비판을 받을 수도 있다.
>
> - 도올 김용옥 『맹자, 사람의 길』 4a-21. 이루 상 421

'얻어걸리는 것'들에 대한 이야기는 세계적인 발명이나 유명한 인물들의 사례에 국한돼 있지 않다. 주변을 둘러보면 별일도 하지 않았는데 횡재橫財를 하거나, 최선을 다하여 온전히 살려고 했지만 횡재橫災를 당하는 사람들을 어렵지 않게 볼 수 있다.

재벌회장이 아들은 뒷전에 두고, 두 딸 앞세워 함께 찍은 사진을 우연하게 보게 됐다. 그 사진만으로 판단해, 두 딸이 지분을 가지고 있는 회사 주식을 잔뜩 사들여 대박 낸 사람이 있다. 그런가 하면 누가 보아도 대박 날 수밖에 없는 아이템이어서 그 사업을 시작하는 친척이나 친구의 보증을 섰다가 사업은 쪽박이 나고, 평생 땀 흘려 마련한 아파트를 날렸다는 사람들이 의외로 많다. 누구는 우연히 딱 한 번 복권을 샀는데 1등에 당첨되고, 누구는 수십 번을 샀지만 5등 한 장 맞은 적이 없다.

봄바람에 꽃씨가 날린다. 어떤 꽃씨는 양지바른 비옥한 땅에 떨어지고, 어떤 꽃씨는 그늘진 바위틈 한 줌도 안 되는 흙 위에 떨어진다. 자신의 의지대로 가고 싶은 곳으로 날아가 싹 틔우는 꽃씨는 없다. 인간도 꽃씨처럼 세상에 던져진다. 어쩔 수 없는 상황에 내몰려 퇴직금을 쏟아부어 가게 문을 열었다. 일부는 이익을 내기도 하지만, 대부분은 최선을 다한 노력에도 불구하고 생각처럼 풀리지 않는다. 그야말로 주사위 던지기와 같은 세상이다. 내 뜻대로 풀리지 않는 인생을 살아가기 위해 다들 애를 쓴다. 정말 힘든 노릇이다. 어떻게 살아가야 하나? 어떻게 하면 얻어걸릴까?

인위적으로 만들지 아니했는데도 스스로 그렇게 되어가는 것을 천명이라고 하고, 인위적으로 나에게 오도록 만들지 않았는데도 스스로 나에게 오는 것은 운명이라 아니 말할 수 없다.

- 도올 김용옥 『맹자, 사람의 길』 5a-6. 만장 542p

천명天命과 운명運命이니 모든 것을 받아들이고 퇴직금 다 날리고 말아야 하는 걸까. 천명, 하늘을 움직여 내 운명을 바꿀 방법은 없는 건가? 점집에 가서 점을 보고, 큰돈 들여 부적을 만들고, 당집에 가서 운명을 바꾼다고 이미 흔들리는 집의 기둥을 빼서 큰 굿을 하는 사람도 있다. 하지만 그럴 필요 없다. 점집 당집의 영업 노하우는 이미 공개돼 있다. 그런데를 가면, 원하는 것을 얻고 싶으면 '지극한 정성'을 들이라고 한다. '지성이면 감천'이라면서 더 비싼 제물을 올리고 더 많은 복채를 내라고 부추긴다. 이렇게 부추긴다고 넘어가면 안 된다. '지성'이란 알지도 못하는 귀신을 향해 하는 것이 아니다. 지성을 다해야 하는 대상은 우리 자신이다. 그리고 지성은 재물이나 복채와는 아무 상관이 없다. 하찮은 생각이나 사소한 말, 소소한 행동에도 지극한 정성을 들이라는 의미다.

도올 선생님은 일주일에 한 번, 시간되는 제자들을 연구실로 불러 저녁식사를 같이 한다. 갓 지은 밥에 된장국과 김장김치 그리고 직접 만든 간단한 요리 하나로 차리는 소박한 밥상이다. 재료는 신선하고 정성으로 조리된 음식인지라 어떤 산해진미도 부럽지 않다. 그리고 식사 전, 어김없이 모두에게 술 한 잔을 직접 따라주시며 건배를 제창한다. 제물이 된 음식에 그 자리의 의미를 밝히고 감사해하는 의미가 담긴 선생님의 단골 건배사는 '지성무식至誠無息'이다. 동양고전을 섭렵하신 분이라 수많은 경구와 문장을 알고 계시지만 늘 강조하는 말씀은 『중용』에 나오는 '지성무식', '지성'은 지극한 '정성'을 말하고 '무식'은 '쉼이 없다'는 의미다.

『중용』에도 실려 있는 『맹자』「이루 상」 편의 구절이다.

至誠而不動者, 未之有也; 不誠, 未有能動者也.
지 성 이 부 동 자　미 지 유 야　불 성　미 유 능 동 자 야

'지성의 경지에 도달한 자로서 천하를 감동시키지 않은 자는 있어본 적이 없다. 성실치 못한 자는 인간세에 감동을 줄 길이 영원히 없다.'

『맹자』「만장 상」편의 구절이다.

天視自我民視, 天聽自我民聽.
천 시 자 아 민 시 천 청 자 아 민 청

'하늘님이 보시는 것은 우리 민중이 보는 것을 통하여 보시고, 하늘님이 들으시는 것은 우리 민중이 듣는 것을 통하여 들으신다.'

두 구절을 정리하면 이렇다. '무엇을 위해 지성무식해야 하는가. 하늘을 감동시키기 위해서다. 하늘은 사람을 통해 보시고, 사람을 통해 들으신다. 쉼 없는 지극한 정성으로 하늘을 감동시키기 위해서는 사람들을 먼저 감동시켜야 한다.'

감동이 있는 영화라야 관객이 든다. 감동시키면 시킬수록 더 많은 관객이 든다. 감동이 있는 음식이라야 손님이 든다. 오는 손님마다 감동시킬 수만 있다면 그 손님이 다른 손님을 끌고 온다. 사람을 감동시킬 때 무언가 이루어진다. 그럼 사람을 어떻게 감동시킬 것인가? 나부터 감동해야 한다. 내가 먼저 감동하지 않고서는 남을 감동시킬 방법이 없다. 되는 일도 없고, 돈도 없고, 그러니 소중한 것도 없고, 즐거운 일도 없는데, 감

내게 소중한 사람은 유명하거나 위대한 사람이 아니라
내가 늘 만나고 부딪치는 사람들이다.

동할 일이 도대체 없는데 어떻게 감동할 것인가?

'우리는 경이가 부족해서가 아니라 또 다른 경이를 원하기 때문에 멸망해간다.' 20세기 가장 영향력 있는 영국 작가 길버트 체스터턴의 경구다. 경이란 감동을 주는 소중한 것에서 느끼는 처음 감정이다. 감동할 것이 부족해서가 아니다. 감동할 수많은 것들이 있지만, 그것들에서 감동을 찾지 못해 망해간다는 의미다.

우리는 가치 있는 것들을 가지고 있으면서 그 가치를 놓치고 살아간다. 감동받을 것들과 늘 마주치면서 그 감동을 그냥 스쳐 보낸다. 삶에서 소중한 말은 위대한 경전이나 명망 높은 현자들의 명언집에 먼지 쌓여 있는 말이 아니다. 주변에서 늘 듣는 말들이다.

소중한 사람은 유명하거나 위대한 사람이 아니라 내가 늘 만나고 부딪치는 사람들이다. 소중한 장소는 평생 가고 싶어 하는 명소가 아니라 늘 내가 가는 장소고, 소중한 물건은 금고 속에 모셔두는 물건이 아니라 내가 늘 손 닿는 곳에 두는 물건이다.

그런데 그런 하찮은 것들이 정말 그렇게 대단한 것이냐고?

조금 더 살아보면 뼛속에 새겨진다. 내 인생에 가장 크고 소중하고 위대하고 그래서 내가 감동할 수밖에 없는 일은, 지금 내 앞에 닥친 일이라는 것을.

有不虞之譽, 有求全之毁.
유 불 우 지 예　유 구 전 지 훼

사람이 살다 보면 별일도 하지 않았는데 예기치 않은 명예를 얻을 수도 있고, 나 나름대로는 최선을 다하여 온전히 사업을 수행하였는데도 가혹한 비판을 받을 수도 있다.

莫之爲而爲者, 天也; 莫之致而至者, 命也.
막 지 위 이 위 자　천 야　막 지 치 이 지 자　명 야

인위적으로 만들지 아니했는데도 스스로 그렇게 되어가는 것을 천명이라고 하고, 인위적으로 나에게 오도록 만들지 않았는데도 스스로 나에게 오는 것은 운명이라 아니 말할 수 없다.

# 수치심,
# 부끄러움을 잃어버린 우리

전남 목포의 한 장례식장에 화환이 배달됐다. 화환 리본 한쪽에는 '삼가 고인의 명복을 빕니다'는 문구가 쓰여 있었고, 다른 한쪽에는 '대한민국 국민'이라는 글이 보였다. 익명의 누군가가 보냈다는 모니터의 화환을 보는 순간 울컥했다. 화환을 보낸 이가 고마웠다. 그분에게 '대신 보내주신 화환 정말 고맙다'는 말을 하고 싶었다. 그리고 부끄러웠다. 22살의 세월호 승무원 고 박지영 씨에게 보내진 화환이다.

사고 직후, 구조된 학생들은 증언했다.

"우리들이 구명조끼를 입도록 도와줬어요. 그리고 빨리 구조선이 있는 바다로 뛰어들라고 재촉했어요. 구명조끼도 없는 누나한테 같이 뛰어내리자고 했어요. 그랬더니 '너희들 모두 구조된 후에 나갈 거야. 승무원은

맨 마지막이야'라고 말하고는 다시 안으로 들어갔어요."

그런 그녀가 시신으로 발견됐다는 뉴스를 들었을 때, 배꼬리에서 솟구치는 물거품처럼 가슴 세차게 휘저으며 퍼지던 것은 부끄러움이었다. 수치심이었다.

세월호 사고 현장의 실제상황과 당국의 미온적인 태도를 취재해 전하던 한 기자에게 '보통 사람들은 지기 싫어서 시작도 안 하는 싸움을, 기자님은 어떻게 그렇게 하실 수 있는지요'라고 트위터 팔로워가 물었다. 어차피 그렇게 보도해봐야 꿈쩍 안 하는 상대다. 쓸데없는 짓 하는 거 아니냐는 의미다. 그러자 그 기자는 이런 멘션을 보냈다.

'이기는 게 목적이 아니에요. 어차피 모든 인간은 져요. 죽고요. 다만 말 못 하고 굴종하는 삶을 거부하는 것뿐이랍니다.'

승자로 살고 싶은 것이 아니다. 부끄럽게 살고 싶지는 않다는 말이다. 부끄러움, 수치심이란 '다른 사람을 볼 낯이 없거나 스스로 떳떳하지 못함. 또는 그런 일'을 말한다.

액션 스릴러의 대중 소설을 읽고 나면 통쾌한 카타르시스를 느낀다. 흥행에 성공했다는 블록버스터 영화를 보면 가슴이 확 뚫리는 쾌감을 느낀다. 그런 이야기 대부분은 영웅전이다. 주인공인 영웅에게는 공통점이 있다. '신이 어떤 장난을 쳐도, 원망 없이 자신의 길을 가는 자'다. 또 하나의 공통점이 있다. '부끄러움을 아는 자'다.

부암동 동사무소 언덕을 올라 경복궁 쪽으로 백 미터쯤 내려가 우측을

부끄러움, 수치심은 인간에게 있어서
진실로 중대한 것이다.

보면 '윤동주 시인 기념관'이 있다. 그 기념관을 끼고 공원길을 올라가면 시인의 대표작인 「서시」의 시비가 세워져 있다.

'죽는 날까지 하늘을 우러러 한 점 부끄럼 없기를. 잎새에 이는 바람에도 나는 괴로워했다. … 오늘 밤에도 별이 바람에 스치운다.'

중학교 교과서에 실렸던, 이 시를 처음 읽고 나서의 느낌이 아직도 생생하다. 투명하고 슬프고 아름답다고 느끼면서 마음 한구석이 답답해왔다. '저렇게 부끄러움 없이 살 수 있을까? 정말 힘들 거 같네.' 나이 들어가면서도 가끔 이 시를 읽는다. 읽을 때마다 별이 바람에 스치우는 것처럼, 부끄러움이 온몸을 스치고 지나간다.

시인의 시 중에 부끄러움에 관한 시가 또 하나 있다.

'인생은 살기 어렵다는데 시가 이렇게 쉽게 씌어지는 것은 부끄러운 일이다….'

「쉽게 씌어진 시」 중의 일부분이다. 한국인의 서정을 대표하는 윤동주 시인이 아름다운 시어로, 절박하게 외친 것은 '부끄러움을 알고 살자'는 한마디였다. 왜 시인은 부끄러움에 대해 이야기하려고 했을까?

지하철에서 종종 보는 모습이다. 만원 지하철 빈자리가 생긴다. 그 순간 가방이 휙 날아와 그 자리에 떨어진다. 자리 앞에 서 있던 사람을 거침없이 밀쳐내며 당당하게 그 자리에 앉는다. 자신과 아무 관계없는 사람의 행동이지만, 그 무례함에 얼굴을 돌리는 승객들이 많다. 부끄러움 때문이다. 하지만 그런 부끄러움도 날이 갈수록 실종돼가고 있다.

자본주의 문화를 '부끄러움을 모르는 문화'라고 한다. 모든 가치가 돈에 의해 좌우된다. 이익을 먼저 추구할 뿐이다. 병원 응급실에 환자가 왔는데, 신원미상이고 치료비를 부담할 보호자가 없는 환자라고 치료를 기피하는 경우도 부지기수다. 병원이 아픈 사람의 병 고치는 것보다, 돈 버는 것에 더 신경 쓴다. 부끄러움을 잃어버렸다.

세월호 구조 작업에 크레인을 불렀다. 그런데 크레인이 곧바로 오지 않았다. 크레인 사용료를 흥정하는 중이라고 했다. 전 국민의 마음을 아프게 하는 대형 참사가 났다. 기업이니 절대 손해는 볼 수 없다는 건 인정한다. 그러나 수백 명의 목숨이 걸린 국가 재난급의 사태다. 이익부터 따져야 할 일이 아니다. 일단 사고 수습을 위해 크레인부터 보내고 흥정을 하는 것이 도리 아닌가? 부끄러워해야 할 일이 곳곳에서 벌어지고 있다.

매국노 후손들이 선조의 땅을 다시 찾겠다며 재판을 하고 있다. 법대로 하자는 것이다. 법대로 하는데 뭐가 문제냐며 큰소리까지 친다. 이 나라는 법치국가 맞다. 할 말 없다. 법이 있으면 무엇하나. 규제가 있으면 뭐하나. 윤리나 도덕이 있으면 무엇하나. 인간이 부끄러움, 수치심이 없으면 그것들은 있으나 마나 한 것이다.

매국노들이 결탁했던 일본이 또 다시 제국주의 시절 행보를 쫓아가고 있다. 지난 20년간 일본은 '고노[河野] 담화[談話]' 등 미흡하나마 과거사에 대한 잘못을 인정해왔다. 그러나 현재 아베 정권은 이걸 부인하면서 노골적인 재무장의 길을 걷고 있다. 지도층이라 하는 자들은 2차 세계대전 1급 전범들의 위패가 있는 야스쿠니신사 참배를 하고 독도 망언을 일삼는다. 왜 일본이 이러는 것일까? 역사에 명백히 기록된 자신들의 잘못에 대한 부끄러움, 수치심이 없어서다.

맹자는 "부끄러움, 수치심이라고 하는 것은 인간에게 있어서 진실로 중대한 것이다"고 했다. 쥐는 쥐답고 고양이는 고양이답고, 호랑이는 호랑이답듯이, 인간을 인간답다고 하는 것은 부끄러움, 수치심이 있기 때문이라면서 이렇게 말했다.

> 사람은 수치심이 없을 수는 없다. 수치심이 없는 것을 치욕으로 여기면 그 사람은 삶에서 치욕을 느끼는 일이 없게 될 것이다.
>
> \- 도올 김용옥 『맹자, 사람의 길』 7a-6. 진심 상 723p

공자는 『중용』에서 '수치를 앎은 용기에 가까워지는 것. 지치근호용知恥近乎勇이다'라고 하셨다. 부끄러움을 알아야 수치심이 생기고, 그 수치심 때문에 용기가 생기고, 용기가 있어야 자기 잘못을 스스로 바로잡을 수 있다는 말씀이다. 삶에 있어서 가장 큰 적은 자기 자신이다. 자신을 이긴다는 것은 전 우주를 상대로 싸우는 것과 다름없는 힘든 일이다. 그 싸움에서 이기는 힘은 부끄러움을 아는 것, 수치심에서 시작된다. 뿐만 아니라 부끄러움과 수치심은 타인과의 관계를 인간답게 이어가는 근본이 되는 마음이다.

공자께 제자 자공이 여쭈었다. "종신토록 행할 것으로 무엇이 있겠습니까?" 그러자 공자는 "서恕"를 말씀하셨다. '서'란 '기소불욕 물시어인己所不欲 勿施於人', '나에게 베풀어 싫은 것을 남에게 베풀지 말라'는 의미다.

퇴근 시간이 지났는데, 계속 일하는 것이 좋은가? 신입사원 시절 그것이 싫었으면, 부하 직원들한테 시키지 말아야 한다. 남편이 식탁에서 손하나 꼼짝 않고 앉아 음식 맛이 어쩌고저쩌고하며 이것 가져와라 저것 가져와라 하는 것이 꼴 보기 싫었다면, 식당에 가서 바쁜 종업원들을 불러세워 음식 맛이 왜 이러냐는 둥 이것 달라 저것 달라 조르지 말라는 말씀이다. 직장 상사한테 그렇게 당한 것이 싫었다면 부하 직원한테는 그 짓 말고, 시어머니한테 그렇게 당하는 것이 싫었다면 며느리한테 그렇게 하지 말라는 의미다.

내게 베풀어 싫은 것을 남에게 베풀면 어떻게 될까? 겉으로야 어떨지 모르지만, 그런 짓을 하는 당사자는 내심 부끄러워할 수밖에 없을 것이다. 인간으로 인간답게 살면서 평생 행할 것은 '서' 하나로, 그것은 '남에게 부끄러운 짓을 하지 말라'는 말씀이다.

20세기까지 인종차별의 야만의 시대를 살던 남아프리카공화국을 한 순간에 속죄시킨 흑인 대통령 넬슨 만델라는 흑백 인종 갈등을 이겨낸 힘을 '우분투Ubuntu'라고 했다. 평화와 타협, 그리고 조화의 아프리카 정신이라며 이렇게 설명했다.

"옛날에 우리가 어렸을 적에 여행자가 마을에 들르곤 합니다. 여행자는 음식이나 물을 달라고 할 필요가 없습니다. 들르기만 하면 사람들이 밥상에 음식을 차려주기 때문입니다. 이것이 '우분투'입니다."

먼 길 가다 도착한 마을, 당연히 간절한 것은 한 모금의 물과 음식이다. 여행자가 말하지 않더라도, 알아서 먼저 챙겨 내놓는 마음이 '우분투'다. 맹자의 '여민동락'과 다르지 않다. 만델라가 꿈꾸고, 맹자가 펼치려 했던 평화와 타협, 조화로 모두가 더불어 함께 즐거워하는 세상을 만드는 방법은 무엇인가.

저 잘났다, 저 잘했다 떠들어대면 이룰 수 없는 것이다. 자기가 좋다고 남에게 강요하는 것으로 이룰 수 없다. 그것은 '부끄러움'을 알고, 그래서 상대에게 '부끄러운 짓'을 하지 않는 마음에서 시작되는 것이다. 맹자께서 '부끄러움, 수치심은 인간에게 있어서 진실로 중대한 것이다'라고 하신 까닭이다.

세월호 침몰부터 수색 구조 작업이 이어지는 동안, '버스 맨 뒷자리에 앉아 스마트폰을 꺼내들고 옆을 보니 3명이 구조 작업 속보를 보고 있더라'는 말을 들었다. '일이 손에 잡히지 않는다'는 넋두리는 수도 없이 들었다. 왜들 그렇게 일손을 놓고, 뉴스 속보에 매달렸을까? 뛰어가 같이 돕고 싶지만 여건과 능력이 되지 않는다. 그러니 마음이라도 보태고 싶어서다. 안타까움과 부끄러움에.

人不可以無恥, 無恥之恥, 無恥矣.
인 불 가 이 무 치 무 치 지 치 무 치 의

사람은 수치심이 없을 수는 없다. 수치심이 없는 것을 치욕으로 여기면 그 사람은 삶에서 치욕을 느끼는 일이 없게 될 것이다.

# 孟子 · 3

# 결국은 사람이다

# 다트 활쏘기
# 그리고 하느님

후배 프로덕션에 다트 마니아인 골드미스 PD가 있다. 자주 가는 맥줏집에 전용 다트를 맡겨놓고 다니는 그녀와 가끔 어울려 게임을 하면, 어떤 날은 좋은 점수를 내다가도 어떤 날은 나 같은 초보한테도 진다. 똑같은 보드에 똑같은 다트로 똑같은 위치에서 게임을 하는데도, 그때그때 점수가 다르다. 고려해야 할 것이 몇 개 없는 단순한 게임이다. 다트를 미간 사이에 두고 보드와 일직선이 되게 한 후, 팔꿈치를 고정시키고 던지면 된다. 그러나 던질 때마다, 게임마다 점수가 다르게 나온다.

다트와 비슷하지만 난이도는 비교할 수 없을 정도로 높은 게임으로 활쏘기가 있다. 활쏘기는 사대射臺에 올라가 활에 화살을 먹이고 호흡을 조절한다. 바람의 방향까지 고려해 몸을 조율해가며 당겨진 시위를 놓아 과녁을 맞힌다. 다트처럼 단순하지 않다. 시시각각 상황에 따라 다양하게 바뀌는 외부 상황을 고려해 내 몸을 그것들에 맞추어 조율해야 한다. 한 순간, 한 가지만 간과해도 화살은 과녁 근처에 도달하지 못한다. 그런 활쏘기를 공자, 맹자는 '살아가는 것과 같다'고 하셨다.

간단하다면 다트와 같고, 복잡하다면 활쏘기 같은 인생에서 과녁의 정중앙을 맞힌 명사수들이 있다. 그들이 등장해 과녁의 정중앙을 맞히게 된 기술과 비밀을 솔직하게 털어놓는 특별한 자리가 테드 컨퍼런스다.

TED는 기술(Technology), 엔터테인먼트(Entertainment), 디자인(Design)의 약자다. 초대되는 강연자들은 노벨상 수상자를 비롯해 각 분야의 저명인사나 세상을 위한 업적을 이룬 성공한 사람들이다. 미국의 커뮤니케이션 전문가 리처드 세인트 존은 7년간 테드 강연자 500명에게 '어떤 것이 자신을 성공으로 이끌었는가?'라는 질문을 해 그 결과를 8가지 단어로 정리해 발표했다.

열정(Passion)이 처음 꼽혔다. "저는 '열정' 덕분에 여기까지 왔습니다."라는 자동차 디자이너 프리만 토마스의 말을 소개하며, 그들은 좋아서 일을 하지, 돈 때문에 하지 않는다고 했다.

다음은 노력(Work)이다.

"성공하려면 열심히 해야 해요. 쉽게 얻을 수 있는 건 없어요. 그런데 저는 그게 정말 즐겁더군요."

미디어 황제 루퍼트 머독의 말을 소개했다. 마지못해 하는 노력이 아니라, 즐겁게 하는 노력이란다.

이어서 집중(Focus)이다. 영화감독 노먼 주이슨은 "성공하기 위해선 한 가지에 집중할 수 있어야 한다고 생각해요"라고 했다. 우리 속담에 '우물을 파도 한 우물을 파라'는 말과 같다.

자신이 잘하는 것으로 승부하라고 한다. 능숙함(Good)이다. 하고자 하는 일에 기술적으로나 질적으로 능숙해야 한다면서 마이크로소프트 게임 개발 총괄인 알렉스 가든의 말을 소개했다. "성공하고 싶다면 하나에 집중해서 정말 끝내주게 잘해야 해요."

미쳐야 미친다[不狂不及]고 한다. 일종의 다그침(Push)이다. 긴장감, 텐션이라고도 한다. 해양과학자 데이비드 갈로는 "신체적으로, 정신적으로 계속해서 자신을 다그쳐야 합니다"라고 했고, 영화배우 골디 혼은 "소심함과 자기회의를 통해서 자신을 늘 궁지로 몰아넣었다"고 했다.

도움(Serve)! 도움을 받는 것이 아니라, 도움을 주는 것이다. 예일대 의대 외과 교수 셜린 누랜드는 많은 아이들이 자신에게 백만장자가 되고 싶다고 말한다며, 그때마다 말해줬다고 했다. "좋아요. 일단 자신에게 도움이 되는 일이 아니라, 다른 사람들에게 가치 있는 일들을 해야 할 겁니다. 그게 진짜로 부자가 되는 방법이거든요."

다음은 8가지 단어 중 첫 번째로 꼽아도 좋은 아이디어(Ideas)다. 마이크로소프트의 창업자 빌 게이츠의 말을 소개했다.

"저는 최초의 소형 컴퓨터 소프트웨어 회사를 설립할 생각을 했어요."

시작도 끝도 아이디어라고 한다. 하지만 아이디어는 씨앗이다. 키워야 한다.

마지막 꼽은 것이 인내(Persist)이다 인터넷 검색엔진 익사이트 공동 설립자 조 크라우스는 "인내야말로 우리들 성공의 가장 첫 번째 이유다"라고 했다. 라면도 3분을 기다려야 한다. 첫술에 배부를 수 없다. 물이 끓어오를 때까지, 쉼 없이 불을 지펴가며 참고 견디며 기다려야 한다.

취직을 포기하고 사업을 시작하려는 대학 졸업생들이 늘고 있다. 창창한 나이에 직장을 그만두고 개인 사업을 준비하는 예비 창업자들도 적지 않다. 그런데 작은 식당을 시작하려고 해도, 몇 억의 돈이 필요하다. 가게 위치도 따져봐야 하고, 어떤 음식을 할지 알아봐야 하고, 좋은 재료는 어떻게 구하고, 주방장은 어디서 구하고, 그릇은 어떤 것을 선택하고, 가게 인테리어는 어떻게 해야 할지 고려할 것이 한둘이 아니다. 그러나 앞서 소개한 '성공을 이루게 한 8가지 단어'를 보면 그런 외부적인 조건에 대한 조언은 단 하나도 없다. 왜 외부적인 조건에 대한 조언은 없는 것일까. 외부적인 조건은 별 문제가 되지 않는 건가?

> 구하면 얻어지고 방치하면 사라진다. 이렇게 개방되어 있는 상태에서의 구함은 진정한 얻음에 유익하다. 왜냐하면 그것은 구함 그 자체가 '나' 속에 있는 것을 구하기 때문이다. 그러나 이와는 대조적으로 구하는 것이 일정한 방법이 있고, 또한 얻는 것도 내가 조절할 수 없는 운명적인 요소가 많을 때, 이러한 구함은 진정한 얻음에는 무익하다. 왜냐하면 그것은 구함 그 자체가 '나' 밖에 있는 것을 구하는 것이기 때문이다.
>
> - 도올 김용옥 『맹자, 사람의 길』 7a-3 진심 상 719P

맹자 말은 이렇다. '바깥에서 구하는 것은 내가 조절할 수 없는 운명적인 요소가 많다. 그것은 그야말로 운이다. 어찌할 수 없다. 하지만 내적인 요소는 내가 원하고 힘쓰면 구할 수 있다.' 세계적인 성공을 거둔 '테드' 연사들의 한결같은 조언도, 맹자의 말처럼 자신의 내적인 요소를 구하라고 한다. 그러나 구체적이지 않다. '구함 그 자체가 나 속에 있는 것을 구하라'는 말은 이해는 하겠는데, 어떻게 행동으로 옮기는가? "그래서 어쩌라구!"란 푸념이 절로 튀어나오게 된다.

『논어』「술이」편의 공자 말씀이다.

"돈을 번다는 것이 내가 구해서 얻어질 수 있는 것이라면 채찍을 잡는 자의 천한 일이라도 내 기꺼이 그것을 마다하지 않겠다. 그러나 구해서 얻어질 수가 없는 것일진대, 나는 내가 진정 하고 싶은 것을 하리라."

돈 같은 거 벌 생각은 꿈에도 꾸지 말고 밥 빌어먹더라도 자기가 하고 싶은 것 하면서 살라는 식의 속세를 초탈한 도사들 입에서 나오는 말이 아니다. 공자 말씀은 성공하는 기술, 대박 내는 기술을 말씀하신 거다.

'돈이란 놈은 영악해서 쫓으려 하면 도망간다. 그러니 네가 하고 싶은 일을 즐겁게 해라. 그러면 그 영악한 돈이란 놈이 호기심이 발동해 가까이 올 것이다. 그때 탁 잡아서 주머니에 쏙 집어넣으면 되는 거다' 뭐 이런 말씀이시다.

구하면 얻어지고
방치하면 사라진다.

하지만 의문은 남는다. 구함 그 자체가 내 안에 있는 것을 구하는 방법이 '내가 하고 싶은 일을 즐겁게 한다'는 건데, 구체적으로 어떻게 하라는 것인가?

최근 종로 가회동, 정독 도서관 근처를 갔다. 교복 입고 다녔던 옛 생각에 도서관 아래, 엄청나게 좁아진 골목길의 떡볶이 집으로 일행들과 몰려 들어갔다. 매운 떡볶이, 모듬 튀김에 오뎅까지 시켜놓고 벽을 보니, 큰 아크릴판에 시처럼 쓰여진 글이 보였다. 다들 읽고 나서 '그래 저건데…' 하며 한숨을 크게 쉬었다.

> 자네 집에 밥 잡수러 오시는 분들이 자네의 하느님이여. 그런 줄 알고 진짜 하느님이 오신 것처럼 요리를 해서 대접을 해야 혀. 장사 안 되면 어떻게 하나, 그런 생각은 일절 할 필요 없어. 하느님처럼 섬기면 하느님들이 알아서 다 먹여주신다, 이 말이야.
>
> \- 조한알 장일순

장일순이란 이름 앞에 붙어 있는 '조한알'이 무슨 의미인지 궁금해서 알아봤더니, '나는 좁쌀 한 알이다'는 뜻이라고 했다. 자만을 경계하는 의미로 '조한알'을 호로 쓴다고 했다. 장일순 선생의 글을 전국 규모의 후라이드 치킨 체인점 회장인 지인에게 보여줬다.

"하느님이라니 엄청납니다. 제 경험으로 모든 손님을 그저 귀한 분 정도로 생각하고 대접해도 성공합니다."

무엇을 하든지, 이 글이 전하는 바가 전부라고 했다. 그리고 이런 말도 했다. 돈 벌기 위해 하는 사업이지만 돈부터 좇는다면 십중팔구 망한다고.

다트건 화살이건 과녁을 맞혀야 한다. 시작한 일이나 사업을 성공시켜야 한다. 그러기 위해서는 '열정 노력 집중 인내…'로 상황에 따라 내 자신을 최대한 조율해야 한다. 어렵고 힘든 일이다. 하지만 방법은 있다. 소박하지만 확실한 방법이다. 장일순 선생의 말을 참고하는 것이다.

'내가 만나는 사람들, 내게 도움을 주는 사람들, 나를 찾아주는 사람들을 하느님처럼 생각하고 대한다.'

求則得之, 舍則失之, 是求有益於得也,
구 즉 득 지 사 즉 실 지 시 구 유 익 어 득 야

求在我者也. 求之有道, 得之有命,
구 재 아 자 야 구 지 유 도 득 지 유 명

是求 無益於得也, 求在外者也.
시 구 무 익 어 득 야 구 재 외 자 야

구하면 얻어지고 방치하면 사라진다. 이렇게 개방되어 있는 상태에서의 구함은 진정한 얻음에 유익하다. 왜냐하면 그것은 구함 그 자체가 '나' 속에 있는 것을 구하기 때문이다. 그러나 이와는 대조적으로 구하는 것이 일정한 방법이 있고, 또한 얻는 것도 내가 조절할 수 없는 운명적인 요소가 많을 때, 이러한 구함은 진정한 얻음에는 무익하다. 왜냐하면 그것은 구함 그 자체가 '나' 밖에 있는 것을 구하는 것이기 때문이다.

지혜를
쓰다

# 하늘이 장차 그 사람에게 큰일을 시키려고 할 때는

지인의 상갓집에 산악회 멤버들과 문상을 갔다. 매주 삼각산 정기 산행을 하는데, 일이 바빠 산행에 참가 못 하는 멤버들도 오랜만에 얼굴을 보였다. 말 몇 마디 섞어보면 대충 근황이 어떤지 눈치채는 사이들이다. 격의 없는 대화가 오갔다. '세월호 참사 이후 마음도 편치 않고, 주저앉은 경기 때문에 힘들다'로 정리됐다.

자정이 넘도록 자리가 이어졌고, 상주가 돌린 몇 잔 술에 다들 불콰해졌다. 공연기획사를 운영하는 후배는 속내를 털어놓았다. '억지로 버티는 중'이라고 했다. 식당을 운영하는 후배는 어두운 안색으로 '앞이 안 보인다'고 했다. 문득 혼자 힘들 때 가끔 펼쳐 보던 『맹자』 중 한 구절이 생각났다. 스마트폰으로 검색해 건네며 그 둘에게 읽어보라고 했다.

첫 줄을 읽더니 TV 드라마 〈정도전〉에서 나온 말이라고 했다. 심각한 표정으로 끝까지 읽고는, '허~' 하는 탄식과 함께 고개를 크게 끄덕였다. 그러고는 '좋은 글, 정말 힘이 됐다'며 고마워했다. 공연기획을 하는 후배는 그 문구를 폰카로 찍었고, 식당을 하는 후배는 사이트 주소를 메일로 보내달라고 했다. 힘들어하던 두 사람에게 위로가 되었던 그 구절은 '하늘이 장차 그 사람에게 큰일을 시키려고 할 때는'이었다.

그러므로 하늘이 장차 그 사람에게 큰일을 시키려고 할 때는
반드시 먼저 그의 마음과 뜻을 괴롭게 하고,
뼈를 깎는 고통을 주고 몸을 굶주리게 하고 생활을 궁핍하게 만들어
그가 하고자 하는 일을 흔들고 어지럽게 하나니,
그것은 마음을 분발하게 하고 성질을 참게 하여
지금까지 해내지 못하던 일을
능히 할 수 있게 해주기 위해서이다.

故天將降大任於是人也, 必先苦其心志.
고 천 장 강 대 임 어 시 인 야 필 선 고 기 심 지

勞其筋骨, 餓其體膚, 空乏其身, 行拂亂其所爲,
노 기 근 골 아 기 체 부 공 핍 기 신 행 불 란 기 소 위

所以動心忍性, 曾益其所不能.
소 이 동 심 인 성 증 익 기 소 불 능

『맹자』 중 가장 많이 읽히는 구절이다. 삶이 힘들고 벅차게 느껴질 때, 어깨를 다독이며 조금 더 분발하라고 격려해주는 감동적인 내용이다. 흔히 어려운 일에 처하면 참고 견디라고 위로를 주고받는다. 왜 참고 견디어내야 하는지 그 이유를 설명해주는 말씀이다.

서양 고전음악 중 가장 뛰어난 작품 가운데 하나로 손꼽히는 음악이 있다. 베토벤이 작곡한 교향곡 제9번 〈합창〉이다. 베토벤이 청력을 완전히 잃어버린 상태에서 작곡한 마지막 교향곡이다. 음악가에게 있어서 청력을 상실했다는 것은 모든 것을 다 잃은 상황이다. 그보다 더 최악은 없다. 그럼에도 불구하고 그는 어느 음악보다 더 위대한 곡을 만들어냈다.

베토벤의 이야기는 '고난과 좌절을 견디어내며 자신의 길을 포기하지 않고 걸어간다면, 성공의 미래가 찾아온다'며 인용되는 대표적인 사례다. 그런데 베토벤이야 타고난 비범한 천재니 그럴 수도 있다. 평범한 사람들이 참고 견디며 포기하지 않고 나아간다고 그게 뜻대로 이루어질까?

공자는 "천재로 태어나나 둔재로 태어나나 도토리 키 재기고 문제는 배우고 배운 대로 행동하며 살아가는가에 따라 차이가 난다"고 하셨다. 맹자는 이렇게 말했다.

> 사람이 덕행이 뛰어나거나, 지혜가 출중하거나, 수완이 있거나, 지모가 탁월하거나 하는 사람은 거저 그렇게 된 것이 아니라 항상 삶의 진질疢疾 속에 놓여 있어 단련되어왔기 때문인 것이다.
>
> \- 도올 김용옥 『맹자, 사람의 길』 7a-18. 진심 상 739p

맹자는 덕행이 뛰어나고 지혜가 출중하고 수완이 있거나 지모가 탁월한 것은 타고난 것이 아니라고 했다. '그들이 삶의 진질疢疾 속에 놓여 있어 단련되어왔기 때문인 것이다'라고 한다. '진질'이란 환난 고난 재난을 말한다.

천재로 태어나든 둔재로 태어나든, 삶에서 중요한 덕행이나 지혜나 수완이나 지모까지 타고나는 것이 아니다. 그런 것들은 죽을 것만 같다는 소리를 입에서 쉼 없이 뱉어내며 죽음의 문턱까지 갈 정도의 고난의 터널을 지나야 얻어진다. '환난과 고난, 재난의 용광로'에서 녹여지고 담금질을 당해야 얻어진다는 말이다

평범하지도 못했지만 배우고 배운 대로 한결같이 행동하며 살아와 성공한 사람의 이야기가 있다. 가난한 집의 넷째로 태어나 가난 때문에 입양이 됐다. 학업도 포기한 채 의료기기 사업을 시작했으나 경제 불황으로 파산한다. 거리를 배회하던 그의 앞에 고급 승용차가 섰다. 차에서 내린 잘 차려입은 신사가 건물로 들어가려 하자, 그는 달려가 신사를 붙잡았다.

"초면에 죄송합니다. 두 가지만 질문하겠습니다. 직업이 뭐고, 성공한 비결이 무엇입니까?"

그를 아래위로 훑어보던 신사가 말했다.

"나는 주식중개인이오. 숫자에 밝고 사람 만나기를 좋아한다면 나처럼 성공할 수 있을 겁니다."

아내마저 떠났다. 두 살배기 아들과 지하철 화장실을 전전하는 노숙자

신세로 전락했다. 그러던 어느 날 증권중개소의 인턴사원 공고가 눈에 들어왔다.

'내가 어떻게 하겠어? 가난하고 배우지도 못했고 게다가 흑인인데…' 라는 생각도 들었지만 마음을 다잡았다. '집이 없다고(Homeless) 희망도 없는(Hopeless) 것은 아니다'며.

한 가닥 희망으로 황금 같은 기회를 잡았다. 화장실 가는 시간 아끼려고 물도 마시지 않았다. 하루 200명의 고객들과 통화하겠다는 다짐을 단 하루도 어기지 않았다. 무보수 인턴사원 기간 동안 그의 성실함을 눈여겨본 사람이 있었다. 회사 옆 건물의 대형 투자사 대표다.

"줄곧 지켜봤네. 자네의 성실함에 감동했네. 어떤가? 우리 회사에서 일해 보겠나?"

스카우트 6년 만에 독립회사를 설립했고, 10년 후 천만 달러의 수익을 내는 글로벌 투자회사로 키웠다. 재산 1억 8,000만 달러의 억만장자가 됐다. 한 편의 드라마 같은 이 이야기는 당연히 영화로 만들어졌다. 윌 스미스 주연의 〈행복을 찾아서〉로, 월 스트리트의 정상에 오른 흑인 기업가 크리스 가드너의 실화다.

가을 들판에 탐스럽게 열매 맺은 곡식과 과일을 보면서 찬사를 보낸다. 하지만 정작 찬사를 받아야 할 건 허리가 휘도록 논밭을 갈고 병충해와 태풍까지 이겨낸 농부의 노고다. 무언가 이루고 만들고 도달하기 위해서는 농부가 흘린 이상의, 땀과 눈물과 고통과 궁핍이 우리를 시험에 들게 한다. 그 시험을 이겨내야 한다. 앞서 인생의 고비에 힘들어하는 사람들을 위로하며 힘을 주었던 '하늘이 장차 그 사람에게 큰일을 시키려고 할 때는' 구절에서 맹자는 이렇게 말을 이어간다.

> 인간이란 본시 과실을 범한 후에야 비로소 뉘우치고 고칠 줄을 알며, 그 마음에 곤요로움이 끼고, 그 생각에 거대한 통나무가 가로지르듯 절망감이 찾아올 때 비로소 발분할 줄 알며, 번민과 고통의 심연이 그 처창한 얼굴 표정과 애절한 목소리에 나타날 때 비로소 깨달음이 생겨나는도다!
>
> - 도올 김용옥 『맹자, 사람의 길』 6b-15. 고자 하 710p

힘내자. 나만 그런 것이 아니다. 대부분 인간이란 뭔가 자그마한 것이라도 이루게 되면 콧대가 높아지고 어깨에 힘이 들어간다. '개구리, 올챙이 시절 모른다'는 속담이 달리 나오지 않았다. 헝그리 정신은 사라지고 안락함을 찾기 마련이다. 그리고 안락 속에서 머물다가 다시 바닥에 곤두박질치게 되어서야 비로소 정신을 차리게 된다. '왜 그랬을까? 안 되는 줄 알면서 왜 그랬을까?' 그러면서 뉘우치고 고치고 발분하고 깨닫게 되는 법이다.

우리의 어리석음을 지적한 맹자는 '하늘이 장차 그 사람에게 큰일을 시키려고 할 때는'으로 알려진 구절의 마지막을 다음 두 문장으로 매듭짓는다.

지금 걷고 있는 힘들고 고통스런 길이,
하고자 하는 일을 이루는 길이니
절대 포기할 수 없지 않은가!

## 生於憂患, 死於安樂.
생 어 우 환　사 어 안 락

우환이야말로 생명의 길이요, 안락이야말로 죽음의 길이라 할 것이다.

맹자는 '지금 걷고 있는 힘들고 고통스런 길이, 하고자 하는 일을 이루는 길이니 절대 포기할 수 없지 않은가!'라며 우리를 다독인다. 그런데 근심과 걱정, 우환의 길이 정말로 생명의 길이냐고? 이제 시작하는 혈기 넘치는 2,30대라면 쉽게 받아들이기 힘든 말이다. 실패해봐야, 그래서 지옥 같은 터널을 지나봐야 비로소 그 의미를 알 수 있는 말이긴 하다.

하지만 돌아보자. 달콤하고 즐거운 추억들 중 상처 없이 얻은 것이 있는지를. 아름답고 소중한 추억들은 고난 속에서 얻었다. 진정 중요한 것들을 배우고 깨우친 곳은 상처와 고난과 고통 속이었다.

人之有德慧術知者，恒存乎疢疾.
인 지 유 덕 혜 술 지 자 항 존 호 진 질

사람이 덕행이 뛰어나거나, 지혜가 출중하거나, 수완이 있거나, 지모가 탁월하거나 하는 사람은 거저 그렇게 된 것이 아니라 항상 삶의 진질疢疾 속에 놓여 있어 단련되어왔기 때문인 것이다.

人恒過，然後能改；困於心，衡於慮，而後作；
인 항 과 연 후 능 개 곤 어 심 형 어 려 이 후 작

徵於色，發於聲，而後喩.
징 어 색 발 어 성 이 후 유

인간이란 본시 과실을 범한 후에야 비로소 뉘우치고 고칠 줄을 알며, 그 마음에 곤요로움이 끼고, 그 생각에 거대한 통나무가 가로지르듯 절망감이 찾아올 때 비로소 발분할 줄 알며, 번민과 고통의 심연이 그 처창한 얼굴 표정과 애절한 목소리에 나타날 때 비로소 깨달음이 생겨나는도다!

지혜를
쓰다

# 〈강남 스타일〉 성공의 비밀

'나 완전히 새 됐어'로 2001년을 뒤흔들며 스타 반열에 오른 '싸이'를 방송사 분장실에서 처음 만났다. 그해 MBC 추석 특집 프로그램 녹화 직전, 가수들과 인터뷰 리허설을 하던 자리였다. 막내인 싸이의 캐릭터는 아주 독특했다.

"지금도 꿈꾸는 거 같아요. 유명한 가수 분들하고 이렇게 함께하는 게 기쁘고 무쟈 황송해요."

장난기 가득한 미소를 띠며 말했지만 진지함이 묻어났다. 이런 말도 했다.

"가수로 활동하는 게 너무 재미있어요. 정말 재미있어요."

그때다. 싸이는 감지하기 어려운 아주 미묘한 기류가 잠시 선배 가수들 사이에서 흘렀다. 신인 가수라면 '앞으로 가창력을 더 키워 선배님들 처럼 좋은 노래로 감동을 주는 그런 가수가 되겠습니다' 뭐 이런 얘기를 해야 하는 게 상식이다. 그런 면에서 싸이는 무시무시한 선배 가수들을 거의 '안하무인'으로 대했다. 자신을 B급 가수라고 칭하며 '재미있는 노래를 재미있게 부르며 재미있게 활동하는 것이 꿈'이라고 했다. 그리고 싸이는 그때 그 꿈을 놓치지 않았다.

〈강남 스타일〉이 유튜브 조회 수 23억을 넘어서며 세계적인 인기를 얻었다. 한 매체에서 그렇게 대단한 뮤직비디오를 어떻게 만들 수 있었는지 인터뷰를 했다.

"어느 날 보니 제가 아저씨가 된 거예요. 뭔가 쫓기는 기분이 들더라구요. 그래서 만들었어요. 세상에 이런 아저씨도 있다는 걸 보여 주려구요."

정말 소박하고 솔직한 꿈이다.

"즐겁고 재미있게 만들려고 했어요. 촬영이 끝난 것도 아이디어가 떠오르면 다시 촬영했어요. 좀 더 B급으로, 하지만 더 재미있게 만들려고요. 찍고 또 찍고 고치고 또 고치고 했어요. 힘들었지만 정말 재미있게 작업했어요. 그런데 그게 얻어걸린 거예요."

소박하고 솔직하다 못해 황당하기까지 한 고백이다. 이런 솔직함이 〈강남 스타일〉의 힘이다. 그는 세계 무대를 꿈꾼 적이 없다. 살아남기 위해 최선을 다했을 뿐이다. 하지만 '산골짜기 외진 곳에 핀 꽃일지라도 활짝만 피면 100리 밖 벌 나비들이 찾아온다'는 선가의 말처럼, 동북아 구석진 한반도 서울 강남의 자칭 B급 가수가 활짝 꽃을 피우자 온 세상이다 알고 그를 찾았다.

〈강남 스타일〉로 전 세계를 돌며 싸이가 보여준 행동은 그야말로 '대한남아'다. 미국의 지상파 방송 인터뷰에서도 주눅 들지 않았다. 세계적인 인기를 얻고 있는 가수들과의 만남에서도 기죽지 않았다. 록펠러 센터 앞에서 벌어진 미국 최초의 라이브 무대에서는 당당했다. 노래 중간에는 교민들에게 한국말로 위로의 말을 전했다. 어디서든 B급 가수로서 당당했으며 교만하지 않았고, 우연하게 이런 행운이 얻어걸렸다는 걸 감추지 않았다.

미국 언론에서는 그런 그를 '스마트'하다고 했다. 동양식으로 '대장부의 풍모다.' 뭐 이런 극찬이다. '스마트'란 형용사를 대장부의 풍모라고 풀이하는 건 지극히 자의적이긴 하지만, 싸이는 군대를 2번이나 다녀왔다. 한 번만 가도 사내 소리를 듣는데, 2번이나 갔다 왔으니 사내 중의 사내, 대장부다. 그리 과한 말 아니다. 하지만 다 접어두고 그간 보여준 활동과 행동만 보더라도 맹자가 말하는 대장부 맞다.

싸이에 대한 찬사를 길게 늘어놓는 이유가 두 가지 있다. 하나는 후배 방송작가가 막걸리를 마시던 술자리에서 낸 퀴즈 때문이다.

"김기덕 감독, 가수 싸이, 그리고 막걸리의 공통점은?"

문제를 내자마자 "한류 대표 콘텐츠!"라는 답이 나왔다. 다들 정답이려니 했다. 그런데 아니란다. '역수입'이 정답이라고 했다. '외국에서 먼저 떠서, 한국에서도 유명해지거나 인기를 끌었다'는 답 풀이가 이어졌다. 다들 '말 된다'면서 겸연쩍어했다. 물론 '역수입' 아니다. 누가 뭐래도 '메이드 인 코리아' 콘텐츠 맞다. 하지만 씨가 뿌려진 것을 보고, 물 두어 번을 줬을 뿐이다. 꽃을 피우고 열매 맺기까지 눈길조차 주지 않았던 게 사실이다. 그래서 뒤늦게나마 그의 성과에 나름대로 정당한 평가를 해주고 싶은 마음이 하나요, 다른 하나는 싸이의 성공이 이 시대를 사는 우리에게 '조장하지 말자'라는 소중한 메시지를 던져주고 있기 때문이다.

맹자는 대장부가 갖추어야 할 덕목 중 '호연지기浩然之氣'를 말했다. '호연'은 넓고 큰 모습의 의태어다. '호연지기'는 크고 넓게, 왕성하게 뻗친 기운을 의미한다. 사람들과 더불어 즐거워하는 '여민동락與民同樂'을 하겠다는 위풍당당한 기운이다. 그 기운은 타고나는 것이 아니다. 살아가면서 부단히 만들어가고 쌓아가는 것이다. 그 호연지기를 위해 '조장하지 말 것'을 당부했다. 「공손추 상」 편의 '알묘조장揠苗助長'으로 널리 알려진 구절이다.

> 송나라에 자기 밭에 파종한 싹이 영 빨리 자라나지 않는 것을 심히 걱정한 나머지, 밭에 가서 싹을 일일이 다 조금씩 뽑아 올려놓은 사람이 있었다. 그 사람은 아주 지칠 대로 지친 모습으로 돌아오면서 그 부인에게 자랑스럽게 말했다. "오늘 정말 피곤하다! 내가 싹이 자라 올라오는 것을 일일이 다 도와주었다." 그래서 그 아들이 깜짝 놀라 밭으로 달려가보니, 아뿔싸 싹들은 이미 다 시들어버리고 말았다. 이런 얘기가 송나라 사람들의 우화 같고 남의 얘기 같지만, 실은 천하의 모든 사

힘써 준비할 뿐,

일을 이루게 하는 것은 하늘의 뜻이다.

람이 조장을 하지 않는 사람이 없다.

- 도올 김용옥 『맹자, 사람의 길』 공손추 상 239p

『논어』 「자로」 편에 조장助長과 관련된 내용이 있다. '속히 성과를 내려 하지 말라. 작은 이익에 구애되지 말라. 속히 성과를 내려 하면 전체적으로 통달할 수 없고, 작은 이익에 구애되면 큰 일을 이루지 못한다.'

일상의 소소한 일에서도 늘 경험하는 사례다. 산을 오를 때, 힘드니 빨리 올라가겠다고 제 페이스를 넘어서 속도내 오르면 정상은커녕 중턱에 다다르기도 전에 주저앉는다. 시간이 더 걸리더라도 제 페이스보다 속도를 줄여 천천히 오르다 보면 정상에 도달한다. 서둘러 되는 일보다 동티 나는 일이 더 많다. 서둘러 득이 되기보다 서둘러 실을 보는 경우가 비일비재하다. 조장의 반대 의미로 '사바娑婆'라는 말이 있다. 법정스님은 '사바세상이란 산스크리트어로, 참고 견뎌나가는 세상이란 뜻이다'라고 했다.

왜 참고 견뎌나가야 하는가? 살아가면서 진실로 원하는 것이 있기 때문이다. 간절한 것이 있기 때문이다. 꿈이 있기 때문이다. 세상을 돌아보자. 만만한 일 없다. 쉽게 이루어지는 일 없다. 아무리 사소한 것일지라도 이루기 위해서는 참고 견디어야 한다. 한 알의 밀알은 썩을 때까지 참고 견디어야 싹을 틔울 수 있다. 추운 겨울을 참고 견디어내야 봄꽃은 피어나는 것이고, 한여름의 폭염을 참고 견디어내야 가을에 열매 맺을 수 있다. 둘러보면 세상의 성공이란 조장하지 않고, 누가 더 참고 더 견뎌나가느냐의 몫이다.

마흔 살의 싸이는 한류 스타들과는 전혀 다른 가수다. 늙다리에 '몸짱', '얼짱'과는 거리가 멀어도 아주 멀다. 춤 솜씨도 대단하지 않고, 가창력도 그리 좋다고 할 수 없다. 그렇다고 운이 좋은 가수도 아니다. 운 좋다면 2번씩이나 군대를 다녀왔겠는가? 그런 싸이가 어떻게 세계적인 대박 가수가 됐을까? 참고 견디어내며 생겨먹은 대로 활짝 피어나려고 최선을 다했기 때문이다. '진인사대천명盡人事待天命'. 힘써 준비할 뿐, 일을 이루게 하는 것은 하늘의 뜻이라는 말이다. 싸이의 성공을 잘 설명해주는 이 말을 그의 스타일로 새로 써본다.

"재미나게 일할 수 있다면 그것만으로도 고마울 뿐이고, 그러다 얻어걸리면 무쟈 감사할 뿐이고."

宋人有閔其苗之不長而揠之者，芒芒然歸.
송 인 유 민 기 묘 지 부 장 이 알 지 자 망 망 연 귀

謂其人曰：'今日病矣！予助苗長矣！'
위 기 인 왈 금 일 병 의 여 조 묘 장 의

其子趨而往視之，苗則槁矣. 天下之不助苗長者寡矣.
기 자 추 이 왕 시 지 묘 즉 고 의 천 하 지 부 조 묘 장 자 과 의

송나라에 자기 밭에 파종한 싹이 영 빨리 자라나지 않는 것을 심히 걱정한 나머지, 밭에 가서 싹을 일일이 다 조금씩 뽑아 올려놓은 사람이 있었다. 그 사람은 아주 지칠 대로 지친 모습으로 돌아오면서 그 부인에게 자랑스럽게 말했다. "오늘 정말 피곤하다! 내가 싹이 자라 올라오는 것을 일일이 다 도와주었다." 그래서 그 아들이 깜짝 놀라 밭으로 달려가보니, 아뿔싸 싹들은 이미 다 시들어버리고 말았다. 이런 얘기가 송나라 사람들의 우화 같고 남의 얘기 같지만, 실은 천하의 모든 사람이 조장을 하지 않는 사람이 없다.

# 집중하면
# 모든 것이 달라진다

피겨 퀸 김연아 선수가 현역 시절 큰 대회를 앞두고 언론매체와 인터뷰를 할 때, 빼놓지 않는 단어가 있다. '집중'이다.

밴쿠버 올림픽 프리스케이팅 경기를 앞두고는 "토론토, 밴쿠버에서도 연습을 잘해왔다. 긴장하지 않고 끝까지 '집중'해서 잘하겠다. 그러면 자연스레 좋은 연기를 할 수 있을 것 같다"고 했다.

여자 싱글 쇼트 프로그램 시즌 최고점을 받았던 대회에서는 "더블악셀은 쉬운 점프 중 하나였지만 '집중'해서 한다고 했는데 약간의 방심이 있지 않았나 생각한다. 더블악셀 연습을 더해야 할 것 같다"고 했다. 소치 올림픽을 앞두고 출국 전 인터뷰에서는 "은퇴 무대가 올림픽이라 다른 대회보다 더 긴장이 많이 될 것 같다. 마지막 대회라는 생각은 잠시 접어두고 항상 그랬듯이 그날의 경기에만 집중하겠다"고 했다.

김연아 선수는 현역 시절, 세계 여자 피겨 종목 사상 가장 위대한 기술들을 선보인 바 있다. 그러나 천재적인 재능과 상상을 초월한 연습량으로 익힌 빙판 위의 그 화려한 기술을 펼쳐 보이기 위해선 '집중'이 필요하단다. 김연아 선수뿐만 아니다. 축구의 박지성 선수도 현역 시절 '집중'이란 단어를 입에 달고 인터뷰했다. 이런 집중에 대해 맹자가 말했다.

> 혁추는 나라를 통틀어 바둑을 가장 잘 두는 명인이다. 혁추로 하여금 두 사람에게 바둑을 가르치도록 했다고 하자! 한 사람은 마음을 집중하고 뜻을 이룰 수 있도록 혁추의 가르침을 잘 듣고 존숭하였다. 또 한 사람은 비록 혁추의 가르침을 듣기는 하였지마는, 마음 한구석에서 곧 귀한 백조 고니가 날아올 것이라고 예상하여 활시위를 당겨 쏠 생각만 하고 앉아 있었으니, 비록 더불어 같이 배웠다 한들 바둑 공부에 전념한 사람의 성취를 따라갈 수는 없는 것이다. 이것은 이 사람의 총기가 앞사람에게 떨어지기 때문인 것인가? 나는 말한다. 결코 그렇지 아니하다.
>
> - 도올 김용옥 『맹자, 사람의 길』 6a-9. 고자 상 632p

'천하에 아주 잘 자라는 식물이 있다 할지라도, 하루만 햇빛을 쬐어주고 열흘 동안 계속해서 어둡고 차가운 그늘에 있게 하면 잘 자라날 길이 없다'는 '일일폭지一日暴之 십일한지十日寒之'가 실려 있는 구절의 일부다.

맹자가 말한 총기란 명석함, 재능, 능력 등의 의미다. 하지만 아무리 총기가 있어도 '집중'하지 못한다면, '집중'하지 않는다면 쓸모없다. 김연아 선수가 인터뷰마다 집중이란 단어에 '집중'하는 이유다. 그러면서 맹자는 총기는 집중과 다른 것이라고 했다. 김연아 선수의 인터뷰에서 알 수 있듯이, 천재적 재능과 연습으로도 해결되지 않는 것이 '집중'이다.

방송 아카데미의 강의 커리큘럼을 새로 짜겠다고 책상머리에 한 시간을 넘게 앉아 있었다. 하지만 꼬리에 꼬리를 물고 떠오르는 잡생각에 커리큘럼은커녕 강의 주제도 잡지 못하고 일어서야 했다. 늘 해왔던 강의다. 강의 내용 중 없앨 부분과 보충해야 할 부분에 대해서 누구보다도 잘 알고 있다. 마음먹으면 10분 안에도 끝낼 수 있다. 그것도 완벽하게. 하지만 그러지 못했다. 집중하지 못한 탓이다.

한여름 오후의 땡볕 아래 종이를 내두면 바싹 마르기만 한다. 종이에 어떤 변화도 없다. 그러나 동짓날 늦은 오후 힘없는 햇살을 돋보기로 모아보자. 종이에 불이 일어난다. 집중이란 내 능력을 하나로 모으는 돋보기다. 집중할 수만 있다면, 가진 재능과 능력을 최대한 끌어낼 수 있다. 경쟁력을 최대로 끌어올릴 수 있다.

책상머리에 앉아 한두 시간 집중하는 일이라면 어떻게 해서든 도전해 볼 수 있다. 경기장에서 몇십 분 펼쳐 보이는 것이라면 집중한다는 것이 가능할 수도 있다. 그러나 수개월 동안 지속되는 프로젝트, 최소한 2, 3년은 지켜봐야 하는 신규 사업, 몇 년씩 준비해야 하는 각종 고시나 입사 시험, 퇴직금에 주변 지인들의 돈까지 끌어들여 문 연 사업은 기약 없이 계

지극한 정성을 다하는 사람만이
나와 세상을 변하게 할 수 있는 것이다.

속 해가야 하는 일이다. 오랜 시간 동안 어떻게 지속적으로 집중할지 엄두가 나지 않고, 집중의 방법 또한 알지 못하니 답답할 뿐이다.

집중해서 일 좀 하겠다고 자리 잡고 앉으면, 순식간에 더 큰 일, 더 급한 일들이 생각난다. 그런 생각들이 꼬리에 꼬리를 물고 이어져, 하던 일을 그냥 덮고 일어나기 일쑤다. 이렇게 집중하지 못해 고민하는 분들, 집중에 관심 있지만 구체적인 방법을 모르는 분들이 관심을 가져야 할 영화가 있다. 정조 암살을 다룬 현빈 주연의 영화 〈역린〉이다.

'역린'이란 용의 목에 거꾸로 난 비늘, 건드리지 말아야 하는 비늘이다. 그런데 비늘 정도가 아니라, 정조의 목을 따겠다고 덤벼드는 이야기다. 가장 인상적인 장면은 '상책' 역을 맡은 배우 정재영이 정조의 지시에 따라 『중용』 23장을 암송하는 모습이다. 아니 암송했던 모습이 아니라, 그 내용이다. 영화 전체를 관통하는 대사로 수많은 관객들이 "말 한마디 한마디가 가슴속에 와서 박힌다"며 큰 힘과 용기를 얻었다고 했다.

작은 일도 무시하지 않고 최선을 다해야 한다.
최선을 다하면 정성스럽게 된다.
정성스럽게 되면 배어나오고
배어나오면 겉으로 드러나고
겉으로 드러나면 이내 밝아지고
밝아지면 남을 감동시키고
남을 감동시키면 곧 변하게 되고

변하면 생육된다.
그러니 오직 세상에서 지극한 정성을 다하는 사람만이
나와 세상을 변하게 할 수 있는 것이다.

정조는 잘못된 제도와 관행을 혁파하고, 다산 정약용 등의 신하들과 함께 새로운 국가를 만들기 위해 수많은 새로운 프로젝트를 추진하려고 했다. 그러기 위해서는 자신이 먼저 바뀌어야 하고, 적대적 관계에 있는 노론 벽파에 속하는 수많은 신하들의 마음을 바꿔야 했다. 영화 〈역린〉의 정조는 그 방법을 『중용』에서 찾았다.

'오직 세상에서 지극한 정성을 다하는 사람만이 나와 세상을 변하게 할 수 있는 것이다'고 했다. '정성'이란 무엇을 의미하는 말인가. '온갖 힘을 다하려는 참되고 성실한 마음'이다. 김연아 선수가 말한 '집중의 다른 표현'이다. 그런 집중하는 법을 배우려면 '작은 일도 무시하지 않고 최선을 다해야 한다'고 한다. 하지만 무시하지 말고 최선을 다해야 하는 작은 일이 무엇인지에 대해서는 설명이 없다. 최선을 다해야 하는 작은 일이란 어떤 일인가? 작은 일이 무엇인지 알아내서, 그 일부터 최선을 다하다 보면 정성스럽게 된다. 집중하는 법을 배우게 된다. 작은 일이란 도대체 무엇일까?

『중용』 23장이 말하는 '작은 일'이란 불교 최상위 경전 중 하나인 『금강경』에서 힌트를 얻을 수 있다. 도올 김용옥 선생님의 『금강경 강해』를 펼치면 이렇게 시작된다.

이와 같이 나는 들었다. 한때 부처님께서는 사위국의 기수급 고독원에 계셨는데, 큰 비구들 1,250인과 더불어 계시었다. 이때에, 세존께서는 밥때가 되니 옷을 입으시고 바리를 지니시고 사위 큰 성으로 들어가시어 밥을 빌으셨다. 그 성 안에서 차례로 빌으심을 마치시고, 본래의 곳으로 돌아오시어, 밥 자심을 마치시었다. 옷과 바리를 거두시고, 발을 씻으심을 마치시고, 자리를 펴서 앉으시거늘….

붓다의 지혜를 담고 있는 『금강경』은 붓다의 평범한 일상의 모습을 그려나간다. '옷을 입으시고 바리를 지니시고 차례에 맞춰 밥을 빌으시고 본래 자리로 돌아오시어 밥 자심을 마시시고….'

대승불교의 대표 경전인데 위대한 진리와 지혜의 말씀이 아니라, 붓다의 일상생활 중 평범한 일을 아주 세밀하게 묘사하며 시작된다. 중요하지 않다면 경전에 실리지 않았다. 실수로 실렸더라도 이미 삭제됐을 것이다. 그런데 2,000년 넘도록 붓다의 위대한 모습이 아닌, 하찮은 일상을 왜 이렇게 꼼꼼하게 기록해 전하는 것일까?

그렇다. 일상의 작은 일도 무시하지 않고 최선을 다하는 붓다의 모습을 말하기 위해서다. 이것이 『중용』 23장이 말하는 '작은 일도 무시하지 않고 최선을 다한다'는 말의 구체적인 의미다.

작은 일도 무시하지 않고 최선을 다하면 어떤 일이 일어나는가? 그렇게 작은 일까지도 정성스럽게 할 수 있다면, 정성을 들이는 것이 몸에 배어, 세상 어떤 일 어떤 상황에서도 정성을 다하게 될 것이다. 그럴 듯한 말이 아니라 사실이다. 무슨 일을 하건 집중해야 목적하는 바를 이룰 수 있다. 그런 집중에 이르는 방법은 평범한 일상의 일들에 최선을 다하는 데서 시작된다.

모든 것의 시작은 미약하다. 그러나 무엇이든 작은 것에서 시작한다. 작은 불씨에서 시작해 들불이 된다. 작은 부분이 모여 큰 전체를 만들어 낸다. 작은 꿈에서 시작해 위대한 발견과 업적이 만들어진다. 그러니 작은 일에 최선을 다하는 것은 집중을 위한 방법이자, 늘 닥쳐오는 풀기 어려운 수많은 문제들을 해결하고 헤쳐나가는 유일한 방법이다.

『중용』 15장에 '행원자이行遠自邇'라는 말이 나온다. '먼 곳을 가고 싶으면 가까운 곳부터 한 걸음 내딛어야 한다.' 그렇다. 천리 길을 가는데, 한 걸음은 작고 작은 일이다. 그러나 그 작은 일에 최선을 다하지 않는다면, 집중해서 정성스럽게 걷지 않는다면, 십 리도 못 가서 발병 난다.

奕秋, 通國之善奕者也. 使奕秋誨二人奕,
혁추 통국지선혁자야 사혁추회이인혁

其一人專心致志, 惟奕秋之爲聽. 一人雖聽之,
기일인전심치지 유혁추지위청 일인수청지

一心以爲有鴻鵠將至, 思援弓繳而射之,
일심이위유홍곡장지 사원궁격이사지

雖與之俱學, 弗若之矣. 爲是其智弗若與?
수여지구학 불약지의 위시기지불약여

曰: 非然也.
왈 비연야

혁추는 나라를 통틀어 바둑을 가장 잘 두는 명인이다. 혁추로 하여금 두 사람에게 바둑을 가르치도록 했다고 하자! 한 사람은 마음을 집중하고 뜻을 이룰 수 있도록 혁추의 가르침을 잘 듣고 존숭하였다. 또 한 사람은 비록 혁추의 가르침을 듣기는 하였지마는, 마음 한구석에서 곧 귀한 백조 고니가 날아올 것이라고 예상하여 활시위를 당겨 쏠 생각만 하고 앉아 있었으니, 비록 더불어 같이 배웠다 한들 바둑 공부에 전념한 사람의 성취를 따라갈 수는 없는 것이다. 이것은 이 사람의 총기가 앞사람에게 떨어지기 때문인 것인가? 나는 말한다. 결코 그렇지 아니하다.

지혜를
쓰다

# 생겨먹은 대로 활짝만 피어난다면

중국 톱스타 판빙빙을 닮은 여성이 광저우 공항 입국 심사대에 모습을 드러냈다. 잠시 뒤 판빙빙을 닮은 또 다른 여성이 선글라스와 마스크로 얼굴을 가린 채 공항에 들어섰다. 두 여성은 한국서 비행기를 타고 도착했는데, 입국 심사에 걸려 별도 조사를 받아야 했다. 중국 공항 당국은 한국에서 비행기가 도착할 때마다 용모가 딴판으로 달라져 돌아오는 여성들 때문에 골머리를 앓는다고 한다. 한국은 안팎으로 '성형천국'이라 불린다. '부모의 전폭적인 지원 아래 방학 동안 쌍꺼풀 수술을 하는 여고생들이 적지 않다'는 말은 호랑이 담배 피던 시절 이야기고, 성형수술이 차 마시고 밥 먹는 일처럼 됐다.

자주 가는 식당 주인 딸이 박사과정을 밟고 있다. 예쁜 얼굴에 몸매도 빼어나고, 바쁜 주말이면 식당 일까지 돕는 착한 딸이다. 그런데 지난 초여름 들렀을 때 주인 내외가 하소연을 했다.

"딸이 성형수술을 해달라네요. 눈하고 코를 하겠다는데, 어쩌면 좋아요. 친구들도 다들 성형했대요. 성형해서 예뻐지면 더 잘 팔린다며 성형 꼭 하겠다고 하네요."

의견을 구하는 듯 말했지만 어투는 이미 '성형수술을 해줄 수밖에 없지 않는가'라는 분위기여서 그냥 웃고 넘겼다. 하지만 그 식당 주인 딸에게 전해주고 싶었던 『맹자』 구절이 있었다.

> 절세미녀인 서자라도 머리에 똥걸레를 쓰고 다니면 사람들이 모두 코를 틀어막고 피해 간다. 아무리 추악한 인간이어도 재계목욕하여 자신을 정결케 하면 하느님께 제사를 지낼 수 있다.
>
> - 도올 김용옥 『맹자, 사람의 길』 4b-25. 이루 하 487p

서자는 오월동주의 고사로 유명한 월나라 출신 미녀 서시西施를 말한다. 한나라 왕소군王昭君, 여포와 동탁의 초선貂蟬과 함께 중국의 3대 미녀다. 월나라 구천句踐이 그녀를 오나라 부차夫差에게 보냈다, 그녀의 미모에 빠져 부차는 국정을 돌보지 않았다. 그 틈을 타 구천은 오나라를 패망시킨다. 경국지색, '나라를 기울게 할 만한 미녀'라고 불리는 서시라도 풍기는 냄새가 고약하다면 모두가 피해 간다는 맹자의 말은 성형천국을 사는 우리에게 많은 것을 생각하게 한다.

SBS TV 〈슈퍼엘리트 모델 선발 대회〉에 작가로 여러 차례 참여했다. MC멘트 등을 포함한 대본을 쓰는 것은 물론이고, 워킹 동선, 출연자 각각의 야외 촬영, 개인기 및 인터뷰 연습 등 프로그램 전체의 구성을 비롯해 2달에 걸친 연습과 합숙 기간 내내 관여한다. 그러다 보니 참가자들과 늘 함께 움직이며 많은 이야기를 나누게 되는데, 기억에 남는 두 명의 참가자가 있다.

한 참가자는 용모는 흠잡을 데 없으나 개성이 없었고, 결정적으로 키가 작았다. 그러나 모델이 되겠다는 각오가 대단했고, 합숙하는 동안 활달한 성격에 재기발랄한 행동으로 방송 제작진의 주목을 받았다. 태국으로 수영복 촬영을 가서 편하게 이야기를 나눌 기회가 있었다.

'모델이 꿈이었지만 다른 참가자와 비교해 보니 키가 작아 힘들 것 같다'며 새로운 경험이라고 생각하고 최선을 다하는 중이라고 했다.

말투와 표정은 밝았지만, 서글픔 같은 것이 묻어나왔다. 그때 이런 조언을 한 기억이 있다. '모델은 직업이다. 모델로 직업을 삼는다면 키 작은 핸디캡을 극복할 수 없다. 대학을 졸업하고 네가 좋아하는 직업을 찾아라. 그러면 일반인보다 축복받은 너의 용모와 성격으로 하고 싶을 일을 멋지게 해갈 거다.'

물론 그 참가자는 본선에 입상도 못 했고, 다시 만난 건 대회가 끝나고 10년도 넘어서다. SNS에서 한 여성 저널리스트를 알게 되었다. 신문기자 출신으로 홍대에서 막걸리 주점을 시작했다고 했다. 메시지로 이런저런 이야기를 주고받던 중 자신이 슈퍼모델에 출전했었다며, '태국에서 길고 긴 잔소리를 퍼부었던 모습이 아직도 기억에 남아 있다'고 했다.

나중에 밖에서 만나 '그때 잔소리가 아니고, 대단히 영양가 있는 충고를 해줬다'고 했지만 무슨 소릴 들었는지는 기억에 없다고 했다. 다들 이 대목을 명심해야 한다. 나름 마음을 담아 충고를 하지만, 길어지면 충고가 아니라 잔소리가 된다는 진리를. 그 뒤로 가끔 그 참가자의 소식을 듣고 있다. '규칙도 두려움도 없이'라는 신념으로 홍대에서 시작한 막걸리 주점을 이제는 이태원과 일본에도 지점을 내가며 현재 8개 매장의 CEO로 변신해 있다.

또 한 명, 기억에 남는 참가자는 1998년 대상 수상자 박둘선이다. 이국적인 용모의 8등신인 예비 모델 박둘선의 성격은 차분했다. 참가자 중 가장 나이가 많다는 것 외에는 본선 진출자 64명 중 평범한 축에 속했다. 본선 대회가 코앞으로 다가왔다. 입상했을 때를 대비해, 조별로 나누어 각각 준비한 개인기를 심사하는 시간이었다. 통과하지 못하면 개인기를 바꾸어 준비해야 했다. 참가자들이 가장 많이 스트레스를 받는 과정이었다. 같은 조 5명과 개인기 연습을 하는데, 동료들의 개인기를 다듬어주느라 정작 자신은 연습도 못 하고 있었다. 그걸 우연하게 지켜보다가 눈이 마주쳤다. 박둘선은 난감해하며 겸연쩍은 웃음을 지어 보였다. 쫓아가서 큰 소리로 야단을 쳤다. '너부터 챙겨. 너 그렇게 여유 없거든!'

참가자 중 나이 때문에 입상권 안에 들기도 쉽지 않은 상황이었다. 하지만 나잇값하기로 작정을 했는지, 대회 전 기간을 통해 무슨 일이건 먼저 나서서 동료들을 챙겼다. 리허설이 끝나고 방송 제작진들은 그녀가 입상권에도 못 들 것 같다며 내심 안타까워했다. 하지만 TV로 생방송된 최종 결선에서 다른 참가자들을 압도하며 영예의 대상을 수상했다.

박둘선이 보인 결선에서의 그 자신감과 심사위원들을 압도한 매력은 어디서 비롯된 것일까. 합숙 기간 내내 그녀는 동료 모두를 챙겨가며 정성스럽게 대회를 준비했다. 슈퍼모델 선발 대회에 참가한 것이 아니라, 대회를 챙겼다. 그녀한테는 자신이 주최하고 준비한 선발 대회나 다름없었다. 그러니 두려움도 없고 머뭇거림도 없는 워킹으로 런어웨이에서 활짝 피어난 그녀가 돋보인 것은 어쩌면 당연했다.

둘의 용모만을 놓고 따지면, 다른 참가자들에 비하면 예쁘지 않았다. 열성에 속했다. 그러나 이 둘이 생각하고 말하며 행동으로 풍겨내는 향기와 색깔은 최상이었다. 외모란, 아름다움이란 그 생김뿐만 아니라 생김에서 뿜어져나오는 기질, 형색을 말한다. 맹자는 이렇게 말했다.

그것이 바로 인의예지라는 것이니, 그것은 우리의 본래적 마음에 굳건히 뿌리박고 있는 것이다. 그런데 그것을 우리가 어떻게 아는가? 그것은 반드시 우리 몸에서 색조로서 나타나는 것이니 그 기운이 청화하고 순결하기 그지없다. 그 청화하고 순결한 색조는 그 사람이 살아가는 모습에 따라 얼굴이나 앞모습에 환히 드러나며, 등이나 뒤태에도 가득히 넘쳐나며, 팔과 다리 사지에도 곳곳에 뻗쳐 약동하는 것이다. 사람의 몸이라는 것은 무어라 말하지 않아도 그 사람의 삶과 소성의 모습

어떻게 생긴 꽃이든
생겨먹은 대로 활짝만 피어난다면!

을 타인에게 깨우치고 있는 것이다.

- 도올 김용옥 『맹자, 사람의 길』 7a-21. 진심 상 746p

행색이란 형상에서 풍겨지는 색조, 물질에서 배어나오는 비물질적인 요소다. 아름다움은 눈이나 코와 입술의 모양이나 균형 잡힌 체형을 말하는 것이 아니다. 그 사람 전체에서 배어나오는 색깔과 느낌을 말한다. '진심' 장을 풀이한 도올 선생님의 글은 누구라도 깊이 음미하고 또 음미해야 할 내용이다.

'형색이란 인간이 생겨먹은 대로의 모습이다. 어떠한 형색이라도 그것은 천성이며 하늘의 이치가 구비되어 있다. 천형의 형은 형색의 줄임말이며, 천은 '실천한다' '구현한다'는 뜻이다…. 인간은 누구든지 성인이 될 수 있다. 따라서 인간의 모든 형색은 성인의 형색일 뿐이다. 단지 그것을 '천踐'하느냐, 안 하느냐의 차이가 있을 뿐이다. 아무리 못생긴 형색이라도 그 자체로서의 가능성을 발현하면 성인이 되는 것이다. 과거 대부분의 성인들이 불구자였고, 위대한 악사들이 장님이었고, 천문역상의 작자들이 곱추였다는 것을 생각해보라! 이 땅의 젊은이들이여! 어찌하여 천형을 하지 않고 성형수술을 하려 하느뇨?'

성형수술만 지적한 말씀이 아니다. 세상을 어떻게 살아갈 것인가에 대한 진심 어린 충고다. 내가 나를 진실로 아낀다면 세상 누구도 나를 업신여길 수 없다. 내가 나를 업신여긴 후에라야 남도 나를 업신여기는 법이다. 어떻게 생긴 꽃이든 어디서 피어나는 꽃이든 무슨 상관이랴. 생겨먹은 대로 활짝만 피어난다면, 십리 백리 밖 벌 나비들이 다 알고 찾아온다.

그런데 이거 한 가지는 절대로 잊지 말자. 생겨먹은 것은 내 탓이 아니지만, 활짝 피어나는 것은 전적으로 내 탓이다.

西子蒙不潔, 則人皆掩鼻而過之;
서 자 몽 불 결 즉 인 개 엄 비 이 과 지

雖有惡人, 齊戒沐浴, 則可以祀上帝.
수 유 오 인 재 계 목 욕 즉 가 이 사 상 제

절세미녀인 서자라도 머리에 똥걸레를 쓰고 다니면 사람들이 모두 코를 틀어막고 피해 간다. 아무리 추악한 인간이어도 재계목욕하여 자신을 정결케 하면 하느님께 제사를 지낼 수 있다.

仁義禮智, 根於心. 其生色也睟然, 見於面,
인 의 예 지 근 어 심 기 생 색 야 수 연 현 어 면

盎於背, 施於四體. 四體不言而喩.
앙 어 배 시 어 사 체 사 체 불 언 이 유

그것이 바로 인의예지라는 것이니, 그것은 우리의 본래적 마음에 굳건히 뿌리박고 있는 것이다. 그런데 그것을 우리가 어떻게 아는가? 그것은 반드시 우리 몸에서 색조로서 나타나는 것이니 그 기운이 청화하고 순결하기 그지없다. 그 청화하고 순결한 색조는 그 사람이 살아가는 모습에 따라 얼굴이나 앞모습에 환히 드러나며, 등이나 뒤태에도 가득히 넘쳐나며, 팔과 다리 사지에도 곳곳에 뻗쳐 약동하는 것이다. 사람의 몸이라는 것은 무어라 말하지 않아도 그 사람의 삶과 소성의 모습을 타인에게 깨우치고 있는 것이다.

지혜를
쓰다

# 무엇을
# 할 것인가

도올 선생님과 함께 합정동 재즈카페 '재즈다'에서 진행되는 〈서울재즈 원더랜드〉 공연을 봤다. 재즈아카데미에 입학해 피아노를 배울 정도로 재즈에 특별한 관심을 보이는 도올 선생님이 찾아낸 공연이었다. 재즈 평론가 전진용 씨는 뮤지션들의 희귀한 사진 자료와 당시 연주 영상으로 재즈를 쉽고 흥미롭게 소개했다.

"재즈는 연주할 때 상대가 어떤 멜로디를 연주할지 기대하지 않습니다. 바라지도 않습니다. 상대가 연주한 내용을 그대로 받아들이고 상대 연주와 가장 잘 어울릴 수 있는 멜로디, 리듬을 즉각적으로 제공하기 위해 촉각을 세우며 연주할 뿐입니다."

뮤지션들에게는 '무슨 곡을 연주한다'는 큰 원칙만 있다. 그 원칙 아래 악보에 구애받지 않고 모두가 자유롭게 연주한다. 이전에도 없고 이후에도 없을 단 한 번의 연주다. 매순간 최상의 하모니를 위해 나를 우기지 않는다. 상대의 연주에 촉각을 세우고 상황에 맞추어 그때그때 아무도 예상 못 한 하모니를 만들어간다. 단순한 곡이 즉흥적으로 변주되며 새롭게 태어난다. 이런 재즈 뮤지션의 연주는 마치 한 치 앞도 모르는 삶을 살아가야 하는 우리의 '살아가기'와 같아 보인다.

재즈에 관한 설명을 듣던 중 떠오른 영화 대사 한 줄이다. '맞아요. 중요한 건 무얼 하느냐가 아닌, 그 일을 어떻게 하는가죠.' 33곡의 비틀즈 노래로 만든 영화 〈어크로스 더 유니버스〉 주인공 주드의 대사다. '어떤 직업을 택하느냐가 아니라, 그 일을 어떻게 해나가느냐가 중요한 것 아니냐'는 말이었다.

공부 잘하는 우등생이었다. 법대 나와서 사법고시 패스하고 검사가 됐다. 검사장까지 정말 잘나가나 했다. 길바닥에서 미친 짓거리 하다 CC-TV에 몽땅 찍혔다. 주식으로 돈 제법 번 선배가 딸 고생시키지 않겠다며 돈 잘 번다는 의사 사위를 봤다. 빚내서 무리하게 병원 차렸다가 망해서 월급의사로 일한단다. 월급 반은 빚 탕감하는 중이라 딸에게 매달 생활비를 부쳐주고 있다. 물론 '무엇'이 중요하다. 그러나 보다 중요한 것은 '어떻게'다.

'술 마시고 노래하고 춤을 춰봐도 가슴에는 하나 가득 슬픔뿐이네. 무엇을 할 것인가 둘러보아도 보이는 건 모두가 돌아앉았네.' 70년대 후반, 대학가가 안고 있던 절망과 희망을 끌어안으며 청년지식인들의 가슴을 뜨겁게 만들었던 곡이다. 시대를 뛰어넘는, 젊은이들의 고민이다. 무엇을 해야 보람차게 살 수 있을까. 무엇을 하면 세상을 아름답게 바꿀 수 있을까 고민한다. 무엇을 하면 돈을 벌까, 무엇을 하면 이름을 날릴까, 무엇을 하면 성공할까. 무엇을 찾아 방황한다.

그런데 '무엇'이 있을까 해서 대학을 다녔지만 무엇은 없었다. 하고 싶은 '무엇'을 찾았더라도 주변 환경이나 여건이 가로막는다. 그래서 대부분 그 컸던 꿈은 접어두고 먹고살기 위해 어쩔 수 없이 '무엇'을 정한다. 그리고 10년 혹은 20년 지난다. 누구는 세상을 위해 멋진 일을 해냈고, 누구는 세상을 망치는 데 일조하고, 누구는 성공했고, 누구는 망했고… 인생이 갈리게 된다. 그렇게 갈리는 것은 젊은 시절 그렇게 찾아다닌 '무엇' 때문이 아니다. '어떻게' 때문이다.

부암동 서울미술관을 끼고 올라가는 언덕길, 작은 옷가게 옆으로 난 빨간 페인트 철 대문집이 있다. 대문에는 하얀색 글씨로 '행하는 자 이루고, 가는 자 닿는다'라고 쓰여 있다. 『서경』의 말을 축약한 글이다. 곱씹을수록 배어나오는 깊은 맛에 SNS에서 계속 퍼 날러지고 있다.

무엇을 목표로 무슨 일을 하든, 살면서 목적하는 바는 어림잡아 4가지로 정리할 수 있다. '높이 올라가고 싶다. 멀리 나아가고 싶다. 얻고 싶다. 이루고 싶다.' 동양고전 『서경』의 '태갑'에는 '인간에게 간절한 목적'과 '그것을 이루는 방법'에 대해 이렇게 쓰여 있다.

若升高必自下
약 승 고 필 자 하

若陟遐必自邇
약 척 하 필 자 이

嗚呼 弗慮胡獲
오 호 불 려 호 획

弗爲胡成.
불 위 호 성

높은 곳을 오르려면 반드시 아래서 시작하고
먼 곳을 가려 하면 반드시 가까이서 출발합니다.
아아! 생각하지 않고 어찌 얻을 수 있으며
실천하지 않고 어찌 이룰 수 있습니까.

-『서경書經』 태갑太甲 중에서

살면서 누구나 꿈꾸는 '무엇'은 이 '태갑'의 문장에 다 포함돼 있다. '어떻게' 할 것인지도 다 설명돼 있다. 이런 것을 이미 알고 있는데 왜 높이 오르지 못하고 멀리 가지 못하고 얻지 못하고 이루지 못하는가? 『맹자』 「진심 상」 편에 이런 말씀이 있다.

어떠한 일을 한다고 하는 것은 비유컨대 우물을 파는 것과도 같다. 우물을 판다는 것은 반드시 끝까지 지하수에 도달한다는 것을 의미한다. 우물 파기를 구 인(1인은 8척 혹은 7척. 1척은 30.3cm)이나 했어도 지하수에 도달하지 못했다고 중단해버리는 것은 우물 파기를 처음부터 포기한 것과 동일한 것이다. 결국 우물을 안 판 것이나 마찬가지다.

- 도올 김용옥 『맹자, 사람의 길』 7a-29. 진심 상 760p

흔하게 듣는 속담이다. '우물을 파도 한 우물을 파라.' 그런데 이 속담은 맹자의 말대로라면 미완의 속담이다. '단 우물이 나올 때까지'라고 한 줄이 더 붙어야 한다.

맹자는 인간을 가리켜, "인간답게 살아가는 것, 사람의 길을 걷는 것 외에 다른 목적이 없다"라고 했다. 무슨 직업을 갖든 무슨 일을 한들 그리 문제 될 게 없다. 문제는 그 일, 그 직업을 '어떻게' 해나가느냐인데, 끝까지 밀어붙이라고 한다.

"좋다. 그렇다 치자. 말대로 한 우물을 파고 있는 중인데 그래도 물이 계속 안 나온다. 어쩌라고?" 물론 그럴 수도 있다. 그러나 세상이란 그리 단순하지 않다. 물이 안 나오는 자리라면 금이나 은은 아니더라도 철이나 동은 나온다. 그마저 안 나온다고 해도 걱정할 필요 없다. 그런 사람이 있다면 특집 프로그램을 기획해 방송한다. 수십 년을 맨땅에 삽질이라니? 그 방송 대박이고, 당연히 스타가 된다.

'어떻게'에 대해 공자의 말씀이 『공자가어孔子家語』의 「애공문정」 편에 실려 있다. '섣불리 시작하지 말아야 한다. 마음이 절절하지 않다면 꿈도 꾸지 말라. 간절해지거든, 꿈속에서도 그 일이 생각나거든 그때가 비로소 시작할 때다.' 4서인 『중용』에도 나오는 말씀을 풀면 이렇다.

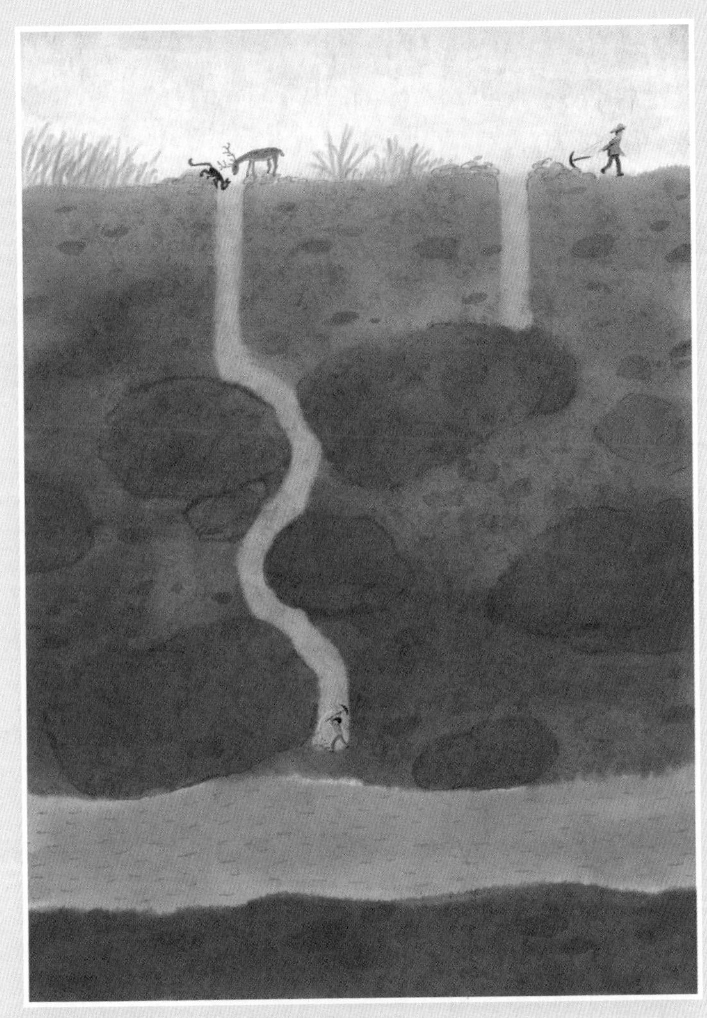

우물을 파려거든 한 우물을 파라.

단, 우물이 나올 때까지.

'기타 배우겠다고? 당대 최고의 기타리스트가 되겠다는 각오 없이는 기타 줄에 손댈 생각 말라. 소설가가 되겠다고? 당대 최고의 작가를 찜쪄먹을 자신 없으면 소설가가 되겠다는 생각은 꿈에도 꾸지 말라. 사업하겠다고? 당대 재벌을 죄다 발아래 두겠다는 자신 없으면 절대 시작하지 말라. 공직자가 되겠다고? 이율곡을 뛰어넘는 공직자가 될 각오가 없다면 공직자 될 생각 말라.'

그런데도 마음이 절절해 꿈속에서도 그 일을 하고 있고, 어떻게 해서든 그 일을 해내고야 말겠다는 마음이 생겼다면 그때 하라고 했다.

人一能之 己百之, 人十能之 己千之.
인 일 능 지 기 백 지 인 십 능 지 기 천 지

남이 한 번에 능하거든 나는 백 번을 하며, 남이 열 번에 능하거든 나는 천 번을 하십시오.

- 도올 『중용 한글역주』 20장 '애공문정' 중에서

'남이 한 번에 해내는 것을 나는 백 번을 하겠다는 각오로 시작한다면 중도에 포기하는 일은 없을 것이다'는 것이 공자의 조언이다. 요즘 감성으로 번역하면 이렇다. "무엇을 하든 상관없다. 문제는 어떻게 하는가이다. 시작했으면 끝장을 봐라!"

시작했다면 왜 포기하지 말아야 하는지를 뼈에 새기게 했던 아주 짧은 이야기가 있다. '아메리카 인디언은 가뭄이 들면 주술사인 '레인 메이커'

에게 비를 기원하는 기도를 부탁한다. 인디언 역사상 최고의 레인 메이커가 있다. 비가 내릴 때까지… 기도하는 레인 메이커다.'

有爲者辟若掘井, 掘井九軔而不及泉,
유 위 자 벽 약 굴 정 굴 정 구 인 이 불 급 천

猶爲棄井也.
유 위 기 정 야

어떠한 일을 한다고 하는 것은 비유컨대 우물을 파는 것과도 같다. 우물을 판다는 것은 반드시 끝까지 지하수에 도달한다는 것을 의미한다. 우물 파기를 구 인이나 했어도 지하수에 도달하지 못했다고 중단해버리는 것은 우물 파기를 처음부터 포기한 것과 동일한 것이다. 결국 우물을 안 판 것이나 마찬가지다.

지혜를
쓰다

# 결국은
# 사람이다

자수성가했다는 사람들이 있다. 자신감 넘치고 확신에 찬 목소리로 '스스로의 힘으로 큰돈을 벌거나 사업을 일으키거나 큰일을 이뤘다'며 떳떳하고 자랑스럽게 말한다. 그런 말을 들을 때마다 이런 생각을 한다. '자신도 모르는 수많은 사람들의 배려와 도움으로 성공을 이뤘지만 불민한 탓에 도움 준 고마운 분들을 알지 못한다고 오히려 부끄러워하는 것이 맞지 않을까?'라는 것이다.

철강 왕 앤드류 카네기. 시대를 초월하는 자수성가형 기업가의 대명사다. 무일푼으로 시작해서 철강 사업으로 세계적인 거부가 됐다. 회사를 처분해 현금화한 뒤 미국 전역에 2,500개가 넘는 공공도서관을 세웠다. 그리고 교육, 문화 분야에 전 재산을 기증했다. 기업가로서 존경받는 삶을 산 카네기의 묘비에는 이런 글이 새겨져 있다.

'자기보다 훌륭한 사람들을 주변에 모이게 하는 기술을 터득한 자, 이곳에 잠들다.'

카네기의 성공적인 삶에는 주변의 크고 작은 도움이 있었다는 고백이다. 홀로 스스로 이루는 것은 없다. 작은 싹 하나 틔우기 위해서도 알맞은 땅과 따스한 햇살과 적당한 비가 도움을 줘야 한다. 무언가 이루기 위해서는 주변의 도움이 필요하다.

"카네기 성공 신화도 옛날 얘기지. 이젠 시대가 달라. 돈이 있어야 사람도 모이지. 그리고 돈 없이 사람만으로 뭘 할 수 있다고…."

뭐 이런 말이 당연히 나올 수 있다. 그런데 우리가 사는 이 시대의 대표적인 성공 신화들도 돈으로 시작되지 않았다. 누군가가 있어서, 누군가와 함께 시작됐다.

스티브 잡스는 스티브 워즈니악이라는 친구이자 동업자가 있었기에 무일푼으로 차고에서 애플 신화를 시작할 수 있었다. 세계 최고의 갑부라는 빌 게이츠는 선배인 폴 앨런을 만나 MS를 창업했고, 구글은 세르게이 브린이 친구인 래리 페이지를 만나 역시 차고에서 사업을 시작했다. 페이스 북은 마크 주커버그가 대학 동창생 2명과 함께, 유튜브는 채드 헐리가 동업자 2명과 자신의 신용카드를 긁어모은 돈으로 창업했다.

도박과 같은 IT산업의 벤처기업에만 국한된 이야기가 아니다. 미국 존스 홉킨스 대학병원은 '알프레드 블라락'에 의해 집도된 세계 최초의 심장 수술 성공에 힘입어 지금도 그 분야 최고로 꼽히고 있다. 〈신이 주신 어떤 것Something the Lord Made〉으로 영화화됐던 닥터 '알프레드'의 업적 뒤에도 사람이 있었다. 의학 교육을 받은 적이 없는 목수 출신의 흑인 '비비앙 토마스'의 헌신적인 조력으로 수술에 성공했다. 그 결과 신의 영역이라고 생각해 아무도 손대지 못했던 심장에 대한 수술이 일반화됐고, 한 해 수백만 명의 심장병 환자가 새 생명을 찾게 됐다.

성공 신화든 혹은 처절한 실패의 넋두리든 그 안에는 돈이 아니라 사람이 있다. 사람과 만남에서 '일'이 시작된다. 그래서 하는 말들이다. '사람에게 가장 중요한 것은 사람이다.' '사람을 얻는 것이 세상을 얻는 것이다.' '결국 사람이다.'

일만이 아니다. 산다는 것, 살아간다는 것 또한 사람과의 만남이 전부라고 해도 과한 말이 아니다. 살아온 날을 돌아보자. 천국을 맛보게 해준 것도 사람이었고, 지옥을 맛보게 해준 것도 사람이었다. 삶의 마디마디 우여곡절 속에는 늘 사람이 있다. 그 사람과의 관계가 나를 행복하게 하고, 불행하게도 한다. 먹는 음식이 맛있어서 행복한 게 아니다. 그 음식을 같이 먹는 사람 때문에 행복하다. 주머니에 돈이 없어서 불행한 게 아니다. 돈 때문에 사랑하고 아끼는 사람들을 힘들게 하고 실망시키기 때문에 불행하다는 것이다. 산다는 것은 '사람 만나 부딪치고 엉키고 끌어안고 다독이고 그러다 등 돌리고 갈라서고…' 뭐 이게 전부다.

아파트 13층에 사는 여성 입주자가 택배를 기다리고 있었다. 승강기가 고장 났다. 택배원한테서 전화가 왔다.

"승강기가 고장 났는데요. 관리사무소에 놔두고 가면 안 될까요?"

20대 후반 그 여성 입주자는 냉담한 목소리로 말했다.

"도어 투 도어 서비스라면서요. 13층 현관 앞에서 받을래요. 지금 가져다주세요."

단호한 말투에 택배원은 전화를 끊고 말없이 계단을 올라갔다. 여기까지는 어디서 본 듯, 들은 듯한 이야기다. 그런데 이어지는 이야기가 있다. 택배원이 현관 벨을 누르자 현관문이 열리며 여성 입주자가 물건을 받으러 나왔다. 택배원이 물건을 건네려 여성을 바라본 순간 서로 화들짝 놀라며 말을 잊었다. 그 여성은 얼마 전 택배원의 형이 결혼할 거라며 소개시킨 예비 형수였기 때문이다.

인생사 마디마디의 우여곡절은 사람과의 만남에서 만들어진다. 살아간다는 것은 사람과 만나는 일이고, 어떤 만남에서 어떤 인연이, 어떤 관계가 만들어질지 모르고 모를 일이다. 그러니 작은 일에도 최선을 다하듯 소소한 만남에도 정성을 다해야 하는 까닭이다.

그런데 연인으로 혹은 친구로 마음에 드는 사람을 만났다. 챙길 것 열심히 챙겨주며 만나고 있지만 상대는 내 마음 같지 않다. 직장에서 어느 부서장보다 부하 직원들을 열심히 챙겼다. 하지만 서운하게도 부하 직원들이 내 말을 제대로 따르지 않는다. 정성들여 신경 써가며 밀어주고 도와주고 열심히 챙겼지만 뭐 하나 돌아오는 것 없고, 필요할 때 도와주는 사람 없더라. 나는 왜 사람 복이 이렇게 지지리도 없을까? 누구나 한 번쯤 해본 푸념일 것이다. 살면서 누구나 겪어본 인간 관계의 가장 많은 갈등이고, 가장 큰 갈등이다. 이 갈등을 어떻게 풀어야 할까? 맹자는 이렇게 조언한다.

> 내가 남을 그토록 사랑했는데, 사랑해준 그가 나를 친하게 생각지 아니하면 나의 '인仁'을 반성하라. 내가 사람을 다스렸는데 다스려지지 아니한다면 나의 '지智'를 반성하라. 내가 남에게 '예禮'를 다했는데, 그가 나에게 응당한 보답을 하지 않으면 나의 '경敬'을 반성하라. 행하여 내가 기대한 것이 얻어지지 않을 때는 항상 그 원인을 나에게 구하라. 나의 몸이 바르게 되면 천하의 사람들이 모두 나에게로 돌아온다.
>
> - 도올 김용옥 『맹자, 사람의 길』 4a-4. 이루 상 390p

행하여 내가 기대한 것이 얻어지지 않을 때는 항상 그 원인을 나에게서 구하라는 '반구저기反求諸己'로 유명한 구절이다. 그렇게 하면 천하의 사람들이 내게로 돌아온다며 그 방법으로 '인, 지, 예, 경'을 말했다. '인'에 대해서는 『논어』「옹야」 편의 말씀이 있다.

> 己欲立而立人, 己欲達而達人.
> 기 욕 립 이 립 인　기 욕 달 이 달 인
>
> 자기가 서고자 한다면 남도 서게 하고, 자기가 달성코자 한다면 남도 달성케 해준다.

사랑하는 사람, 친하게 지내는 상대에게 어디까지 관심을 가지고, 어디까지 신경을 써야 할까. 어디까지 도와주고, 어디까지 밀어줘야 할까. '그가 설 때까지, 그가 달성할 때까지' 배려하고 도와줘야 한단다. '애정과 관심을 가지고, 나름대로 밀어주고 도와주며, 할 만큼 했는데…' 정도로는 할 바를 다 하지 않은 것이라는 말씀이다. 그렇게 '인'으로 대한 사람이 다스려지지 않는다면 '지'를 반성하라고 했다. '지'란 앎이라고 했다. '예'와 '경'에 대한 앎이다. '예'란 마음을 행동으로 보이는 것이고, '경'이란 상대를 공경하는 마음을 말한다. 다스리는 것도 '예'로써 해야 하고, 모시는 것도 '예'로써 해야 하며, 그런 '예'에는 '경'이 있어야 한다고 했다. 예를 갖춰 행동을 해도 상대를 공경하는 마음이 없다면 그것은 예를 행하지 않은 것과 같다고 했다.

맹자가 말하는 '인, 지, 예, 경'을 다음 상황에 빗대어 생각해보면 이해가 쉬울 것 같다. 동냥 통을 앞에 두고 구걸하는 사람이 있다. 지나가던 사람이 동전 한 닢 넣는 걸 미안해하며 동냥 통에 조심스레 돈을 넣는다. 그런 마음이 담겼다면 한 닢이든 두 닢이든 개의치 않고 고마워할 것이다. 그러나 한 움큼의 동전을 쥐었더라도 경멸하는 태도로 동냥 통에 동전을 던져 넣는다면 어떤 반응을 보일까. 내색은 못하겠지만 치가 떨리는 모멸감에 원수를 만난 듯 분노를 터뜨릴 것이다. 그런데 동전을 던져 넣은 사람이 모르는 남이 아니라 가까운 사이, 친한 사이였다면 어떤 마음이 들까?

귀한 보물은 얻기도 힘들고 다루기도 어렵고 지키기도 쉽지 않다. 사

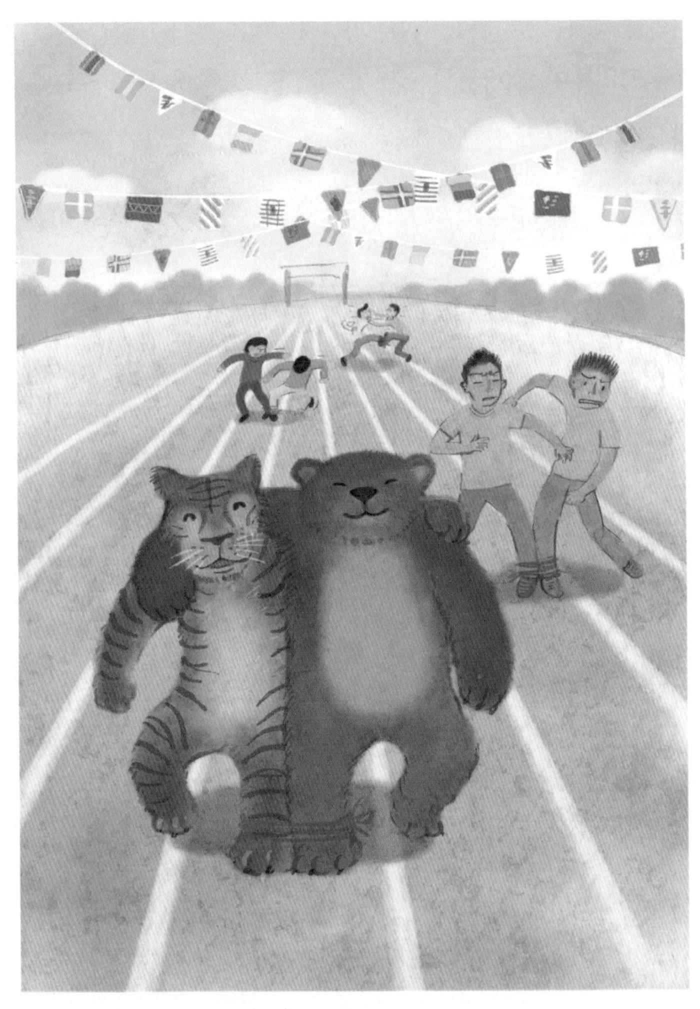

자기가 서고자 한다면 남도 서게 하고,
자기가 달성코자 한다면 남도 달성케 해준다

람한테는 사람이 제일 소중하다. 그렇게 소중한 사람을 얻고 다루고 지키는 것이 어찌 쉽겠는가. '인, 지, 예, 경'의 길을 걷는 것은 어렵고 어려운 일이다. 하지만 '천하의 사람들이 모두 나에게로 돌아온다' 하니, 삶의 이만한 목표가 없을 듯하다.

愛人不親, 反其仁; 治人不治, 反其智;
애 인 불 친　반 기 인　치 인 불 치　반 기 지

禮人不答, 反其敬. 行有不得者, 皆反求諸己,
예 인 부 답　반 기 경　행 유 부 득 자　개 반 구 저 기

其身正而天下歸之.
기 신 정 이 천 하 귀 지

내가 남을 그토록 사랑했는데, 사랑해준 그가 나를 친하게 생각지 아니하면 나의 '인仁'을 반성하라. 내가 사람을 다스렸는데 다스려지지 아니한다면 나의 '지智'를 반성하라.

내가 남에게 '예禮'를 다했는데, 그가 나에게 응당한 보답을 하지 않으면 나의 '경敬'을 반성하라. 행하여 내가 기대한 것이 얻어지지 않을 때는 항상 그 원인을 나에게 구하라. 나의 몸이 바르게 되면 천하의 사람들이 모두 나에게로 돌아온다.

지혜를
쓰다

# 시진핑과 맹자

“우리가 중국에 조공 없이 산 게 백 년밖에 안 됐다.” 술자리에서 가볍게 듣고 지나쳤던 말이 계속 귓전에 남아 있다. 중국과의 관계가 한반도에서 버티고 사는 우리 운명이었다. 그런데 이제 중국과 새로운 관계가 만들어지고 있다. 일억 명 가까운 중국인 관광객이 해외로 나갔다. 가장 많이 방문한 관광지는 홍콩, 다음이 마카오다. 홍콩과 마카오는 중국이나 다름없다. 세 번째, 중국인이 가장 많이 방문한 관광지는 한국이다.

시진핑 주석의 첫 공식 방한 또한 한국과 중국의 관계를 새로운 눈으로 보게 한다. 과거 중국 국가 주석의 해외 방문은 여러 나라를 방문하는 순방이다. 한 국가만을 특정해 방문한 사례는 처음이라고 했다. 중국 외교 관례에 비추어보면 파격적이라고 한다. 시 주석이 한국을 특별하게 생각해서라고 한다. 우리가 정말 다행스런 중국 지도자를 만난 건가.

한국을 특별하게 생각한다는 시진핑 주석의 국내외 발언을 보면 중국 고전 중에서도 특히 『맹자』를 입에 달고 산다. 주석 집권 후에 중국 외교부 안에 공공외교 판공실을 만들었다. 설치 이념과 목적을 '혼자 음악을 즐기는 것은 여러 사람과 함께 즐기는 것만 못하다. 독락락불여중락락獨樂樂不如衆樂樂'이라고 했는데, 「양혜왕」 편의 '더불어 함께 즐거워한다'는 '여민동락與民同樂'을 인용했다.

국내외 연설에서도 『맹자』를 자주 인용한다. 지난 봄 프랑스 수교 50주년 기념 대회에서 '중국은 이미 깨어난 사자'라고 했다. 중국인 외에 다른 나라 사람들이 들으면 무슨 이런 과격한 말투가 있나 하고 겁먹거나 열 받을 문구다. 그런데 이 말은 시진핑 주석의 말이 아니다.

"중국은 깊이 잠든 사자다. 그러나 이 사자가 잠에서 깨면 전 세계가 두려움에 떨 것이다"는 나폴레옹이 했던 말을 인용한 것이다. 그러면서 『맹자』 「진심 상」 편의 한 구절로 '깨어난 사자'의 의미를 설명했다.

> 곤궁하면 홀로 그 몸을 닦아 아름답게 만들고, 영달하면 천하 사람들과 같이하면서 천하를 아름답게 만들지요.
>
> \- 도올 김용옥 『맹자, 사람의 길』 7a-9. 진심 상 727p

중국이 깨어난 사자지만, "이 사자는 평화롭고 정의롭고 문명적인 사자"라면서 "중국이 영달의 길로 들어섰지만 굶주린 사자가 아니라 세상

어쩌다 이 지경이 되었는가?
곰발바닥과 생선을 함께 얻으려 했기 때문이다.

사람들과 세상을 아름답게 만드는 사자가 될 것이다"고 맹자를 빌어 말했다. 지난 5월 베이징대학을 방문했을 때도 『맹자』가 인용되었다. "공직자가 되려는 사람은 재물에 욕심을 내서는 안 되며 부자가 되길 원한다면 공직자가 돼서는 안 된다"고 했다. 두 가지를 동시에 가질 수는 없다는 의미다.

'곰발바닥과 생선은 함께 얻을 수 없다. 어화웅장불능겸득魚和熊掌不能兼得.' 시진핑을 주석의 자리에 오르게 한 경구이기도 하다.

굵고 짧은 목, 가무잡잡한 피부에 다부진 상체의 시진핑 주석 외모는 우리에게도 친근하게 다가온다. 돌쇠 이미지다. 중국 네티즌 사이에서는 '시다다習大大', '시삼촌'으로 불린다. 쓰촨 성 지진 피해 복구 현장 시찰 중 어린이 볼에 뽀뽀하는 소탈한 모습을 외신으로 본 기억이 있다. 작년 연말 베이징 '웨탄' 공원 부근 작은 만둣집을 예고 없이 찾은 모습도 외신으로 소개됐다.

서민들과 함께 줄 서서 기다리다 21위안, 우리 돈 3,400원을 내고 고기만두와 돼지간볶음을 주문해 그릇을 깨끗이 비웠다. 서민들의 음식을 주문해 먹는 것은 우리나라에서도 많이 봤다. 그릇을 깨끗이 비웠다는 것이 중요하다. 요즘 중국의 생활 캠페인이 음식을 남김 없이 먹는 '광판(접시를 깨끗이 비우자)'이란다. 솔선수범이라고나 할까. 여하튼 그 만둣집은 베이징의 관광명소가 돼 대박 났다고 한다. 참고로 임기 당시 '이명박 대통령이 다녀간 집'이라는 간판을 달았었던 서울 효자동의 식당을 알고 있다. 그집 간판은 오래전에 바뀌었다.

시진핑 주석의 이런 친서민 행보에 별명이 하나 더 붙었다. '핑이진런 平易近人', '일반인과 가까운 사람'이란 뜻이다. 중국을 안다는 사람들은, 지금도 황제의 나라라고 한다. 황제 대신 주석으로 이름을 바꾸고, 죽을 때까지 자리를 지키던 관행이 임기 10년으로 바뀌었을 뿐이라고 했다. 그런 주석 자리의 시진핑에게 '핑이진런'이란 별명은 중국인이 붙여줄 수 있는 최고의 찬사다.

시진핑의 아버지는 중국 공산혁명 8대 원로, 시중쉰 전 부총리다. 청렴한 정치가로 꼽혔지만 문화대혁명으로 실각했다. 17년간을 야인으로 지내다 광둥성 서기로 재기하며 중국의 개혁·개방을 성공적으로 이끌어 '대외 개방의 시조'로 불린다. 1세대 지도자인 아버지가 이룩한 위업에 발맞추어, 5세대 지도자가 된 시진핑은 중국 공산당과 정부에 만연된 부패와 전쟁 중이다.

주석 자리에 오를 때만 해도 중국 권력의 계파를 모두 수용할 수 있는 무난한 인물이기 때문에 발탁됐다고 한다. 그런데 주석보다 더 높은 주석, '태상왕'이라 불리던 장쩌민이 '부정부패와의 전쟁, 이만하면 됐다'고 한마디 했다. 그러자 시진핑은 장쩌민의 심복이었던 석유왕 저우융캉의 비리에 대한 조사를 시작했다. 지금은 마오쩌뚱, 덩샤오핑에 이어 중국 공산당 역사상 가장 강력한 지도자라는 평가를 받고 있다.

시진핑 주석도 비리에 대한 조사를 받은 적이 있다. 푸젠 성 성장 재직

시, 위안화遠華 사건이 터졌다. 자동차, 담배, 석유, 전자제품 등 15조 원 규모의 조세를 포탈한 대형 밀수 사건이다. 중국 역사상 최대의 부패 사건으로 베이징의 공안부 차관, 군 고위직, 푸젠 성 간부와 푸저우 시 고위 간부 300여 명이 처벌됐다. 그런데 오직 단 한 명, 푸젠 성에서 무려 17년을 공직 생활한 시진핑만이 관여되지 않았다. 그 청렴성이 부각되면서 그것을 발판으로 주석의 자리에 오르게 됐다.

푸젠 성 성장이던 시진핑은 위안화 사건이 마무리된 후 '정치에 종사하면서 돈 벌 생각을 한다면 탐관오리가 되고 말로가 좋지 않다'는 것이 자신의 일관된 정치 소신이라고 했다. 그러면서 『맹자』에서 유래한 '곰발바닥과 생선은 함께 얻을 수 없다. 어화웅장불능겸득魚和熊掌不能兼得'을 인용했다.

> 물고기는 맛있기에 내가 원하는 것이다. 그런데 웅장 또한 맛있기에 내가 원하는 것이다. 이 두 가지를 동시에 얻을 수가 없는 상황이라고 한다면, 나는 물고기를 희생하고 웅장을 취할 것임이 분명하다. 생명을 유지한다는 것, 즉 산다는 것, 이것이 내가 원하는 것이다. 그런데 의義 또한 내가 원하는 것이다. 이 두 가지를 동시에 얻을 수가 없는 상황이라고 한다면 나는 산다는 것을 희생하고서라도 의義를 취取해야 할 것이다.
>
> - 도올 김용옥 『맹자, 사람의 길』 6a-10. 고자 상 634p

맹자는 인간으로 바르게 산다는 게 대단한 것이 아니라고 했다. 인간다운 선택과 인간다운 행동을 하면 된다며 인간적으로 이렇게 호소한다.

'사는 것은 내가 소망하는 것이다. 그러나 소망하는 것이 사는 것보다 더 간절한 것이 있다고 한다면 나는 구차스럽게 살려고 하지 않을 것이다. 죽는 것, 그것은 또한 내가 싫어하는 것이다. 그러나 싫어하는 것이 죽는 것보다도 더 극심한 것이 있다고 한다면 나는 죽음의 환난을 구차스럽게 피하려 하지 않을 것이다.'

도올 선생님은 『맹자』 강의 중에 "이 땅의 정치인 누구라도 외국 정보기관이나 어떤 세력에게 암살당할 것까지 각오하고 사심 없이 이 땅을 위해 국민만 바라보며 국민을 위한 정치를 한다면, 대한민국은 순식간에 세계에서 가장 위대한 선진 국가가 될 것이다. 지금 대한국민은 능히 그런 역량이 있다"고 했다. 그런데 시진핑의 정치 소신이라는 『맹자』의 구절과 그의 일관된 행동을 보면 앞으로 우리나라의 앞날이 걱정된다.

맹자가 말하는 강력하고 위대한 국가를 만드는 길은 한마디로 반부정, 반부패의 정치다. '곰발바닥과 생선은 함께 얻을 수 없다'는 구절을 이 땅의 공직자들이 망각한다면 만약 중국이 시진핑의 의지대로 부패와의 전쟁에서 이긴다면, 한국은 후퇴할 것이고 중국은 전 세계에서 가장 존경받는 G1 국가가 될 수도 있다. 그렇게 된다면 정말이지 비극적인 그림이 그려진다. 어떤 그림이냐고?

머잖아 우리가 중국에 머리 다시 조아리고, 조공 바쳐야 하는 신세가 되는 그림이다.

窮則獨善其身，達則兼善天下.
궁 즉 독 선 기 신 　 달 즉 겸 선 천 하

곤궁하면 홀로 그 몸을 닦아 아름답게 만들고, 영달하면 천하 사람들과 같이하면서 천하를 아름답게 만들지요.

魚，我所欲也；熊掌，亦我所欲也. 二者不可得兼，
어 　 아 소 욕 야 　 웅 장 　 역 아 소 욕 야 　 이 자 불 가 득 겸

舍魚而取熊掌者也. 生，亦我所欲也；義，亦我所欲也.
사 어 이 취 웅 장 자 야 　 생 　 역 아 소 욕 야 　 의 　 역 아 소 욕 야

二者不可得兼，舍生而取義者也.
이 자 불 가 득 겸 　 사 생 이 취 의 자 야

물고기는 맛있기에 내가 원하는 것이다. 그런데 웅장 또한 맛있기에 내가 원하는 것이다. 이 두 가지를 동시에 얻을 수가 없는 상황이라고 한다면, 나는 물고기를 희생하고 웅장을 취할 것임이 분명하다. 생명을 유지한다는 것, 즉 산다는 것, 이것이 내가 원하는 것이다. 그런데 의義 또한 내가 원하는 것이다. 이 두 가지를 동시에 얻을 수가 없는 상황이라고 한다면 나는 산다는 것을 희생하고서라도 의義를 취取해야 할 것이다.

지혜를
쓰다

# 새해 복 많이 받으세요!

설이 되면 새해 인사를 하며 덕담을 나눈다. 덕담이란 남이 잘되기를 비는 말이다. 좋은 말 많을 터인데, '새해 복 많이 받으세요'라는 인사가 대부분이다. 식상해서 곰곰이 생각하고 꼼꼼히 따져보지만 '새해 복 많이 받으세요' 이상 가는 인사를 찾을 수 없다. 누가 줘서 받을 수 있는 것 중에 '복' 이상 가는 것이 없기 때문이다.

만인 위에 군림하던 진시황조차도 우러러봤다는 현자 '한비자'는 복을 '장수壽, 부富 귀貴'라고 했다. '이 풍진 세상을 만났으니 너의 희망이 무엇이냐. 부귀와 영화를 누렸으니 희망이 족할까' 이렇게 〈희망가〉에서 노래하듯, 동서고금 '부귀영화'는 인간의 간절한 희망이고 꿈이다. 그런데 복을 말하면서 '부귀'를 제치고 '수'를 먼저 꼽았다.

그럴 만한 이유가 있다. 아무리 돈 많고 아무리 귀한 자리에 있어도 중환자실에 실려가 링거 꽂고 눕게 된다면 그 순간 처량한 신세가 되는 거다. 오래 살기로 치면 삼천갑자 동방삭을 꼽는다. 60년이 한 갑자니, 18만 년을 살았다. 그렇게 오래 살면 뭐하겠는가. 건강 잃으면 사는 게, 사는 게 아니다. 이승에서 지옥문 열리는 거다.

돈, 권력, 명예… 그 무엇을 잃든 건강을 잃은 것에 비할 수 없다. '건강을 잃는다는 건 모든 것을 잃는다는 것이다'는 말을 흔하게 주고받는다. 하지만 그렇게 말하면서도 건강에 대해 제대로 신경 쓰는 사람은 많지 않다. 건강이란 묘한 구석이 있기 때문이다. 건강한 사람은 자기의 건강을 모른다. 아파봐야, 병자가 되어서야 자신의 건강을 알게 된다. 손가락 다쳐봐야 손가락 건강한 것이 얼마나 다행인지, 치통 앓아봐야 이 건강한 것이 얼마나 소중한 것인지 알게 된다.

세상이 변했다. 새해 덕담으로 '복 많이 받으세요'라는 말에 얹혀 나누던 '건강하시라'는 인사를 평소에도 곧잘 듣는다. 건강에 대해 관심을 가질 수밖에 없는 세상이 됐다는 의미고, 건강 잃어본 사람들이 많은 까닭에 그 귀한 것을 알아 일상의 인사가 됐다는 의미이기도 하다. 변화무쌍한 날씨에, 중국 미세먼지의 습격, 일본 후쿠시마 방사능 불안, 농약이며 환경물질로 오염된 먹거리가 지뢰밭처럼 널려 있다.

'쉴 때 쉬지도 못하고 잠을 줄여가며 일을 해도 버는 것 없다'는 동네 편의점 사장님의 푸념이 상징하듯 삶이 힘들고 고달픈 탓에 건강을 잃어

가는 사람들이 많다. 어디 그뿐인가. 10대부터 만성병에 시달리고, 40대만 되면 고혈압으로 약을 입에 달고 살아야 하는 사람들도 늘어난다. 문제가 많은 현대사회의 구조 속에서 살아남으려면 건강을 공격적으로 지켜야 하는데도 방심한 탓이다.

어떤 대화 자리건 건강이 화제로 올라온다. 건강하게 사는 것이 기적인 세상이 됐다. 건강 지킨다고 무공해 청정 유기농 재료의 음식을 먹는다. 비타민제, 미네랄을 때맞춰 먹는다. 한 줌씩 먹는다. 조깅, 마라톤, 바이크에 헬스, 요가, 필라테스… 다양한 운동을 한다. 그런데 그렇게 먹고 운동을 해도 건강에는 별 도움이 되지 못한다. 잘못된 식생활, 잘못된 운동을 하고 있기 때문이다.

『맹자』「고자 상」편에 나오는 구절이다. 풀어 말하면 이렇다. '반려동물을 키운다. 그것들을 건강하게 키워야 할 방법을 잘 알고 있다. 모르면 주변에 물어서, 혹은 동물병원을 드나들며 제대로 키우는 법을 배우고 그렇게 키운다. 그러나 그런 사람들도 자기 몸에 관해서는, 건강에 관해서는 그것을 어떻게 길러야 할지를 잘 모른다. 자기 몸을 반려동물만 못하게 생각해서일까? 그것이 아니다. 단지 사람의 생각이 미치지 못해서다.'

오늘을 사는 우리들의 건강에 대한 잘못된 생각을 정확하게 지적하고 있다. 몸은 물질적인 부분과 비물질적인 부분 두 가지로 나누어진다. 육체와 마음이다. 하지만 건강을 지킨다면서 대부분 건강의 반쪽, 육체의 건강만 생각한다. 마음의 건강은 관심 밖이다. '건전한 육체에 건강한 정신이 깃든다'는 고대 로마 시인 유베날리스의 말이 인류의 건강을 망쳤다.

수년 전 일이다. 전력을 다해 진행하던 대형 이벤트가 석연치 않은 이유로 중단됐다. 그러더니 기획했던 내용 그대로 다른 기획사로 넘어갔다. 오래 같이 일한 클라이언트라 그런가 보다 하고 통 크게 넘어갔다. 며칠 지나더니 엄청난 고열에 지독한 몸살이 덮쳐왔다. 약을 먹고 주사를 맞고 침에 뜸을 떠도 차도가 없어, 거의 보름을 괴질에 시달렸다.

얼마 후 구당 김남수 선생님을 뵙게 되었다. 심하게 고생한 탓에 '여차한 일이 있어 저차했는데, 선생님이 가르쳐주신 뜸을 떠도 소용없었습니다'라고 했더니 빙긋 웃으시며 말하셨다.

"마음이 임금이야."

마음이 아프면 몸도 아프다. 일이 제대로 풀리지 않고, 그래서 마음이 조급하거나 괴로울 때 밥을 먹다 체한 경험이 누구에게나 있다. 마음이 편치 않으면 오장육부도 편해지지 않기 때문에 체한다. 화를 내다가 가슴이 벌렁거린다며 물을 찾고, 심하면 분을 이기지 못해 실신하는 사람도 보았다. 마음과 육체가 따로 떨어져 있지 않은 탓이다.

'배고플 때 밥 먹고, 졸리면 잠잔다.' 건강을 지키기 위한 가장 기본적이고 중요한 조언이다. 몸에 필요한 영양소가 균형 있게 잡힌 식단은 건강을 지키는 기본 중의 기본이다. 시간을 정해두고 규칙적으로 식사를 해야 한다. 잠을 8시간을 자더라도 수면의 질이 떨어지면 피로 해소가 어려워 무기력감에 시달리게 된다. 푹 자야 한다. 스트레스에 가위눌려 자다

깨다 하면 자나마나다. 잠은 '시간'도 중요하지만 '질'도 그에 버금간다.

대부분 몸에 좋은 음식을 찾아 먹는다. 때에 맞춰 먹는다. 그런데 툭하면 욕심을 내 과식을 한다. 잠을 자려고 일찍 잠자리에 든다. 그러나 밀려오는 이런저런 고민과 걱정에 잠을 이루지 못한다. 먹을 때나 잘 때나 마음으로 인해 탈이 난다. 그렇게 탈이 계속 나다 보면 건강을 잃고 병을 얻게 된다. 병이란 근본을 치료하지 않으면 완치되지 않는다. 도올 선생님이 강의 중에 하신 말씀이다.

"금 간 벽에 빗물이 스며들어 벽지에 곰팡이가 핀다. 그 곰팡이가 병이다. 병을 고치려면 벽에 금이 가서 빗물 스며드는 곳을 막고 볼 일이다. 하지만 대부분 병을 치료한다는 것이 곰팡이 슨 벽지를 도려내고 다시 붙이는 것이다."

병이란 대부분 육체의 건강을 잃는 것을 말한다. 그런데 건강을 잃는 원인의 많은 부분이 마음에서 기인한다. 마음이 아프기에 몸도 아프다. 평안하지 않은 마음, 무언가에 상처를 입은 마음, 건강을 잃은 마음이 병을 만든다. 그런데 마음을 그렇게 만드는 주범은 무엇인가? 이것저것 한둘이 아니다. 그러나 따지고 따져가다 보면 결국 종착역은 돈이다. 돈이면 안 되는 것이 없고, 돈이면 못 할 것이 없는 세상이다. 돈 때문에 괴로워하고 돈 때문에 욕심을 내고 돈 때문에 상처받는다.

오래 전에 읽은 한 신문의 인터뷰다. 셋방살이하는 해직기자들에게 집을 사준 '파격의 인간'이라고 소개했다. 김지하, 황석영, 고은 등 유신 시절 수배자들에게 은신처를 제공하고 수많은 민주화운동단체에 자금을 댄 익명의 운동가인 경남 양산의 개운중, 효암고 채현국 이사장의 돈에 대한 회고다.

"사업을 해보니까. 돈 버는 게 정말 위험한 일이더라. 사람들이 잘 모르는데, '돈 쓰는 재미'보다 몇천 배 강한 게 '돈 버는 재미'다. 돈 버는 일을 하다 보면 어떻게 하면 돈이 더 벌릴지 자꾸 보인다. 그 매력이 어찌나 강한지, 아무도 거기서 빠져나올 수가 없다. 어떤 이유로든 사업을 하게 되면 자꾸 끌려드는 거지. 정의고 나발이고, 삶의 목적도 다 부수적이 된다."

다들 안다. 돈 때문에 인심 잃고, 명예 잃고, 건강까지 잃는다는 것을. 하지만 돈 앞에서는 허물어지고 만다. 돈이란 놈이 다른 소중한 것을 죄다 내쫓고 마음을 차지했기 때문이다. 돈 때문에 마음이 건강을 잃었기 때문이다.

> 사람들이 집에서 기르던 닭이나 개가 없어지는 일이 있으면 부지런히 쏘아다니며 그것을 되찾아오려고 열심이나, 자신의 마음이 사라진 것은 되찾아오려고 노력하지 않는다. 학문의 길이란 별것이 아니다. 그 놓아버린 마음을 되찾아오는 것일 뿐이다.
>
> \- 도올 김용옥 『맹자, 사람의 길』 6a-11. 고자 상 637p

맹자는 학문을 하는 이유를 '놓아버린 마음을 되찾아오는 것'이라고

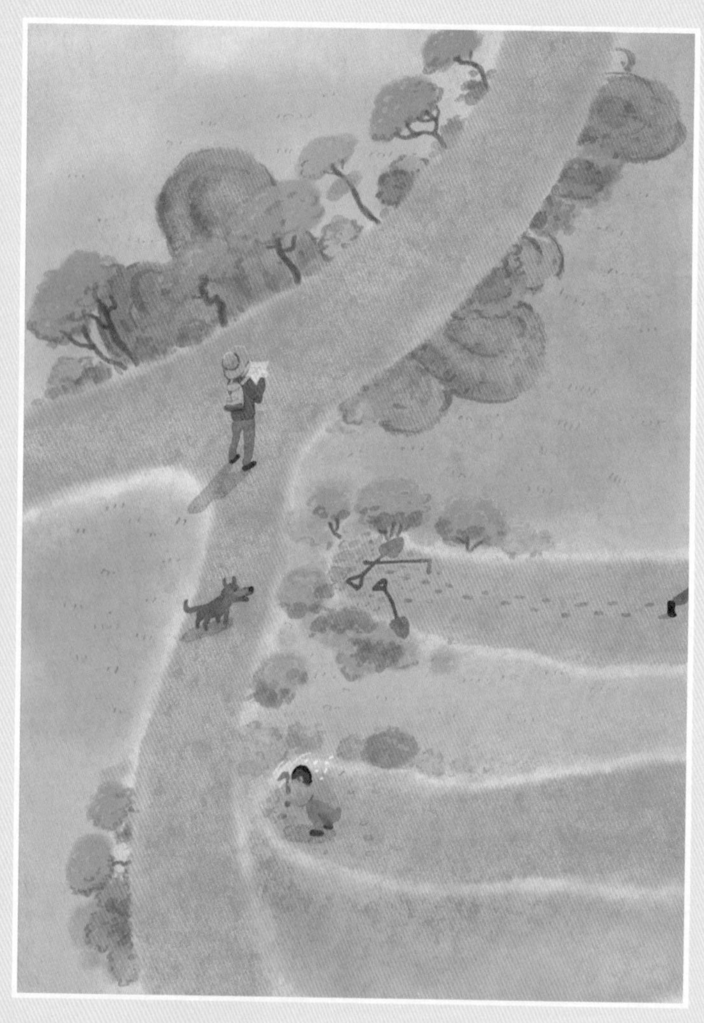

학문을 하는 이유는
놓아버린 마음을 되찾아오는 것이다.

했다. '사라진 마음'이란 돈 때문에 내쫓긴 마음이다. 욕심 때문에 밀려난 마음이다. '사람을 사람답게 하는 마음'을 되찾으려면, 그 마음을 쫓아낸 것부터 먼저 없애야 한다. 사라진 마음을 찾아오면 뭐할 건가. 그것들이 또 쫓아낼 텐데.

새해 인사가 새로운 의미로 들린다. 건강하게 오래 살기 위해서 할 일은 욕심 줄이는 일이다. 정초부터 '욕심 제발 줄여서 건강 지키며 오래오래 사세요!'라고 대놓고 할 수 없어서, 에둘러 '새해 복 많이 받으세요!'라는 것은 아닌지.

人有鷄犬放，則知求之；有放心，而不知求.
인 유 계 견 방 즉 지 구 지 유 방 심 이 부 지 구

學問之道無他，求其放心而已矣.
학 문 지 도 무 타 구 기 방 심 이 이 의

사람들이 집에서 기르던 닭이나 개가 없어지는 일이 있으면 부지런히 쏘아다니며 그것을 되찾아오려고 열심이나, 자신의 마음이 사라진 것은 되찾아오려고 노력하지 않는다.

학문의 길이란 별것이 아니다. 그 놓아버린 마음을 되찾아오는 것일 뿐이다.

지혜를
쓰다

나를 위한 맹자인문학

# 지금, 혼자라면 맹자를 만나라

초판 1쇄 발행 2016년 1월 11일
초판 4쇄 발행 2022년 5월 10일

**지은이** 박경덕 **그림** 안승희 **기획** 이성진
**펴낸이** 오연조 **디자인** 성미화 **경영지원** 김은희

**펴낸곳** 페이퍼스토리 **출판등록** 2010년 11월 11일 제 2010-000161호
**주소** 경기도 고양시 일산동구 정발산로 24 웨스턴타워 T1 707호
**전화** 031-926-3397 **팩스** 031-901-5122
**이메일** book@sangsangschool.co.kr

ISBN 978-89-98690-06-9 03140


*페이퍼스토리는 ㈜상상스쿨의 단행본 브랜드입니다.